すぐに役立つ毛筆・ペン書き見本つき

冠婚葬祭 挨拶状

実例と表書き

■目　次■

表書き編

●表書きの常識
表書きのはなし……7
筆　墨　書体……9
筆字の位置……10
いろいろなのし袋……13
のしのいろいろ……15
水引きの結び方……16
包　む……17
お金の包み方……17
ふくさの包み方……18
贈答品の包み方……19
のしと水引きのつけ方……20
贈答の時期と目安……23
書き方のポイント……25

●表書きの実例
結　婚……36
結納Ⅰ……36
結納Ⅱ……38
結納Ⅲ……40
仲　人……42
結婚式……44
出　産……46
帯祝い……46
誕　生……48
命　名……50
お宮参り……52
成　長……54
初節句……54
初誕生日……56
七五三……58
入園・入学……60
卒業と就職……62
成　人……64
長寿Ⅰ……66
長寿Ⅱ……68
結婚記念日……70
結婚記念日……70
見舞い……72
病気見舞い……72
病気見舞いのお返し……74
災害見舞い……76
激励Ⅰ……78
激励Ⅱ……80
弔　い……82
仏式葬儀　香典……82
仏式葬儀　お供え……84
仏式葬儀　謝礼Ⅰ……86

仏式葬儀　謝礼II……88
仏式葬儀　香典返し……90
仏式葬儀　法要……92
仏式葬儀　法要のお返し……94
神式葬儀I……96
神式葬儀II……98
キリスト教式葬儀I……100
キリスト教式葬儀II……102
年中行事……104
お中元とお歳暮……104
お正月……106
季節見舞い……108
日常の交際……110
おみやげ……110
寄　贈……112
謝　礼……114
粗　品……116
月　謝……118
揮　毫……120
原　稿……122
展覧会I……124
展覧会II……126
競技会I……128
競技会II……130
功　労……132
栄　転……134
新　築……136
開　店……138
祝　儀……140
招　待……142
綬　章……144
叙　勲……146
よく使われる言葉……149

挨拶状編

●挨拶状の常識

挨拶状を書く前に……153
筆記用具と書体……154
宛名の書き方……155
通信文の書き方……156
絵はがきと私製はがき……156
敬称の使い方……157
自称・他称の使い方……158
忌みことば……161

●挨拶状の実例

時候の挨拶……164
一月　二月　三月……164
四月　五月　六月……166
七月　八月　九月……168
十月　十一月　十二月……170
中元の挨拶状……172
歳暮の挨拶状……174
年賀状……176
毛筆年賀状……176
ペン書年賀状……198
喪中欠礼状……210
寒中・余寒見舞い……214
暑中・残暑見舞い……224
招待・案内状……234
新年会……236
誕生祝い……238
全快祝い……240
仏　事……242
各種招待状……244
通知状……246
出産通知……248
結婚通知……250
入学・卒業通知……252
転居通知……254
死亡通知……256
人生の記念日……258
長寿祝い……260
結婚記念日……262
グリーティング・カード……264
バレンタイン・カード……265
バースデー・カード……266
結婚祝いカード……267
ひなまつりカード……268
子どもの日カード……269
入学祝いカード……270
卒業祝いカード……271
クリスマス・カード……272
お見舞いカード……273
平仮名と片仮名（毛筆）……275
平仮名と片仮名（ペン字）……280

筆・ペン字　市川玉陽
イラスト　藤原孝史
川上亜香里
写真　中込浩一郎
企画構成　蛭川那智子

表書き編

表書きのはなし

昔からのきまりをよく理解し、
現代的な感覚で使いましょう。

「表書き」とは、冠婚葬祭の贈答をする場合に、金品を上包みする奉書紙、半紙、のし紙などに、その内容を書くこと、または、そのための決まった言葉のことです。

今日では、包みにくいものや、家具などを店から届けさせるとき、品物があとから届くとき、それに結納、公的な記念品贈呈のような場合にだけ、「目録」が添えられますが、「表書き」は、もともとはこの「目録」にあたりました。簡略化された「目録」として、水引きの上に贈る品目を書き、下に数を記入して渡したものです。

「御祝」とか、「御霊前」とかは、「〜のお祝いとしてさしあげます」「ご霊前にお供え下さい」という、贈る側が申し述べる言葉ですから、本来の形式から離れたものになるわけですが、現在は、こうした贈答の目的を意味する言葉を、水引きの上に書き、下段に贈り主の名前を書く様式が一般化しています。もともとの形式を理解した上で、一般的な形を使うことです。

贈るときに

神経質になることはありません。
相手に対する、思いやりが大事。

慶事一般には、上包みを二枚重ねるしきたりがありました。今では、一枚のことが多いのですが、結婚祝いには、紅白二枚を使うと華やかでよいものです。弔事は、重なることを嫌うので、必ず一枚包みにします。紙が大

表書きのはなし 表書きの常識

きいからといって、半分に折るようなこともしないように。

贈りものの品数に、四個・九個は避けます。四は「死」、九は「苦」に通じるので〝忌み数〟といわれます。キリスト教徒の人には、十三がこれにあたります。同様に〝忌み言葉〟として、使わない方がよい言葉もあります。弔事、病気見舞などのときの重ね言葉、結婚祝いのときの、別離を意味するような言葉です。神経質になりすぎることはないのですが、相手の立場を考えて、言葉を選ぶ思いやりが大事なのです。

心をこめて

贈ることの楽しさ、贈られることの喜びを常に忘れないように。

贈りものというのは、人間の普遍的な習慣で、どんな社会でも、なんらかの形で行なわれています。しかし、その中でも、わが国の生活の中で贈答の占める割合は大きく――ちょっと身の回りを眺めてみて下さい、必ず何点かあるでしょう――、そのために、虚礼廃止の声も強く聞こえてきます。特に〝答〟である返礼のことを考えると、頭が痛いものです。

けれど、だからといって、古くからの生活習慣を否定することは全くありません。むしろ、人間関係を円滑にし、つきあいを深めるための、心のこもった贈りものをさしあげることが、今必要とされています。先人の知恵に学び、それをふまえて、その時代にふさわしい形で、贈答をすることが、ほんとうの意味での文化の伝承になるのではないでしょうか。贈ることの楽しさ、贈られることの喜びをいつも忘れずに。

表書きの常識　# 筆　墨　書体

筆

「表書き」は、はっきり書くものですから、筆記具には、毛筆・サインペン・フェルトペン・筆ペンなどを使用します。目上の人への贈答や、改まった慶弔の場合は、やはり毛筆で書くのが礼にかなっています。

筆は細字用の小筆を使い、使用後は硯も一緒に水洗いして、拭いておきます。

墨

毛筆の場合、墨色に注意して下さい。結婚祝い、出産祝いなどの慶事は、黒々と濃く、あざやかに「表書き」をします。逆に弔事の際は、悲しみの表現として、薄墨で書きます。

墨をつけすぎてにじませたり、文字の途中で色が変わらないよう注意します。

書体

書体には、楷書体・行書体・草書体があり、くずさないのが楷書体、行書体がややくずしたもの、草書体が最もくずしたものとなります。行書、草書は、急いで書いたような印象を与えがちなので、表書きなどに使うのは、略式の場合とされています。

目上の人への贈答や、改まった場合の表書きには、楷書体を使って下さい。

本書では、楷書体と、行草書体で、書いてありますので、まず、楷書体の練習をすれば、どのような場合でも通用します。

筆字の位置　表書きの常識

一番よく使う例

表書きの文字が少ない場合（御祝、内祝）、上下一字分ずつあけて書きます。逆に長い場合は、水引きに文字がかからないように書きます。

贈り主の名前は、中央よりやや左寄りに、小さめに書きます。

贈り主の住所を書き入れる例

姓名の右肩に小さく書きます。あまり細かく書く必要はなく、町名くらいで十分です。名前を書かずに、名刺を使う場合は、名刺を下段左はじに貼ります。

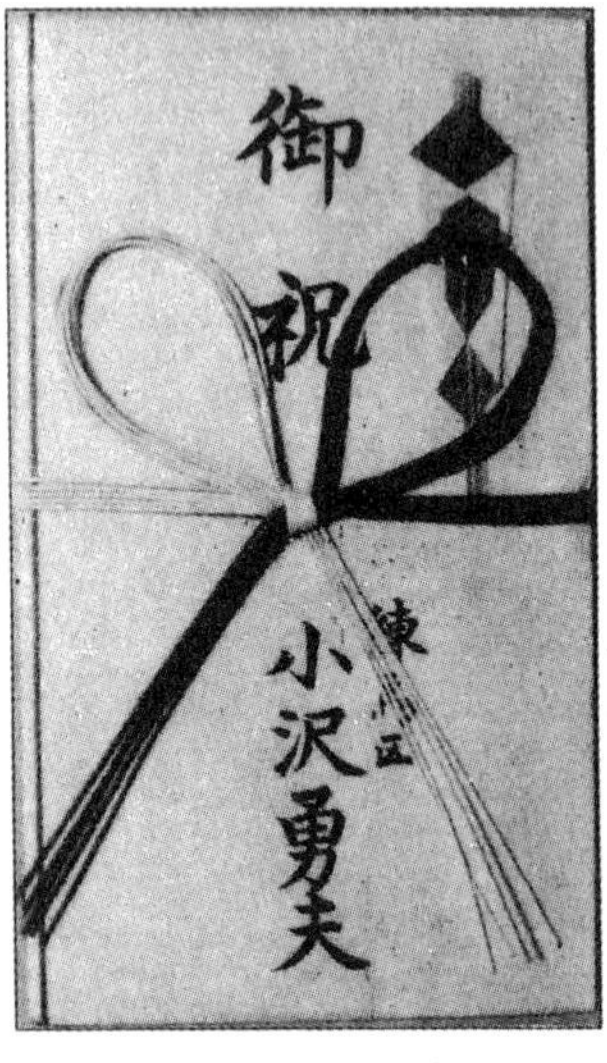

表書きの常識　筆字の位置

先方の姓名を書き入れる例

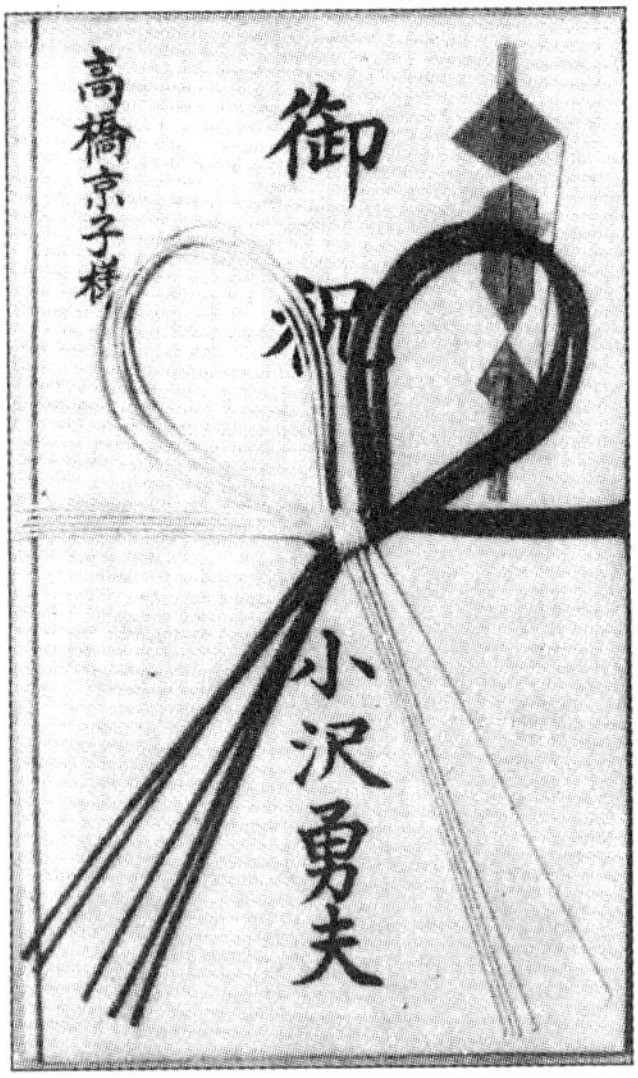

表書きには、先方の名前を書かないのが普通です。しかし、必要があって記入する場合には、左肩に少し小さめに書き入れます。

連名で書き入れる例

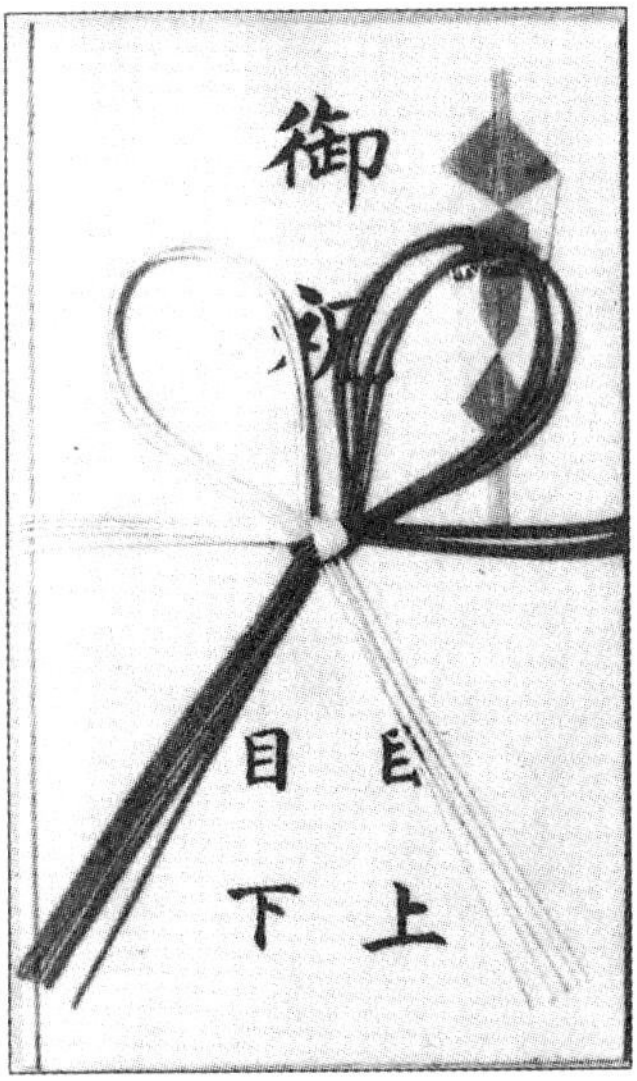

目上にあたる人の姓名を右側に、目下にあたる人を左側に書きます。三名以上の場合も右側から目上の人の順番で書きます。

連名で先方の姓名も書き入れる例

前の連名の例と逆に、左肩に先方の姓名を入れる場合は、目上の人の姓名を左側にします。

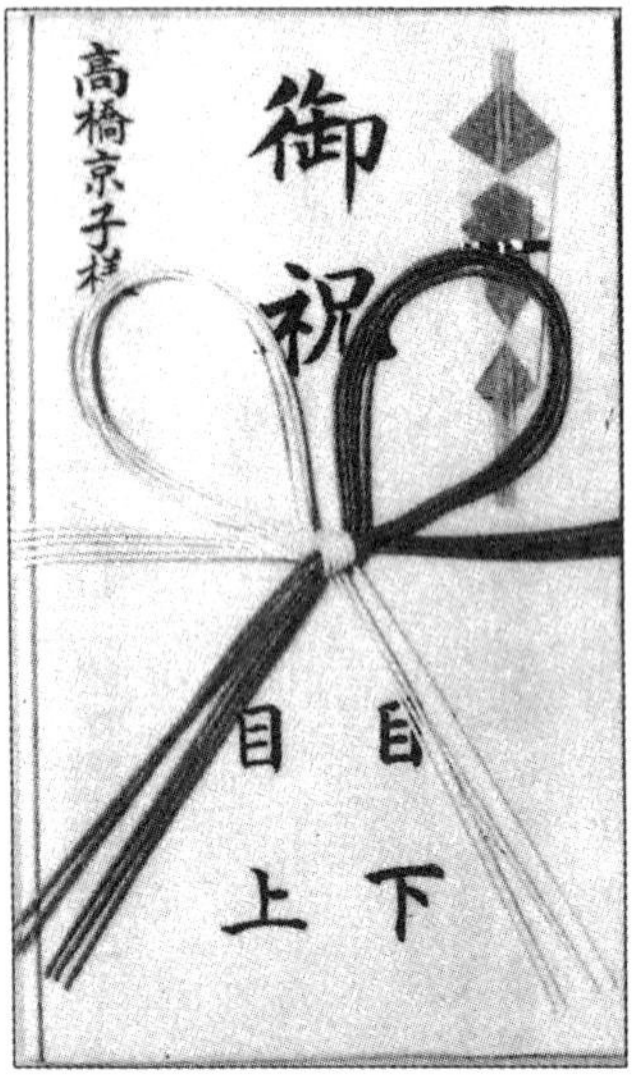

有志の代表者名を書き入れる例

有志でまとまって贈る場合には、代表者名を中央に書き、その左側に少し小さめに「外一同」と書き入れます。

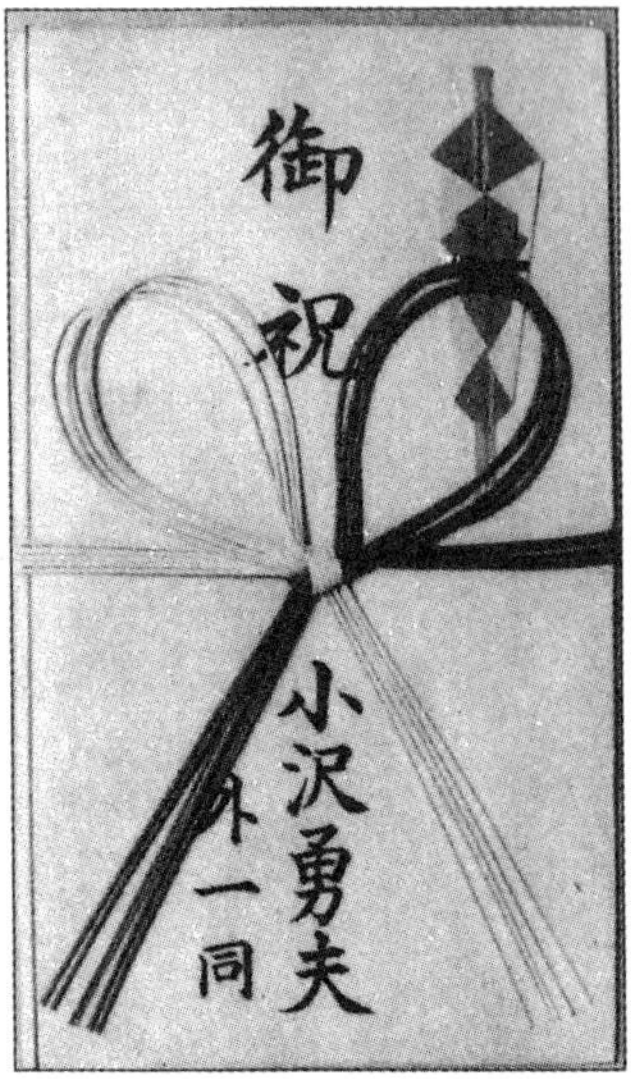

いろいろなのし袋

(1)
たいへん豪華な結婚祝い用の祝儀袋。

(2)
日常の祝い事に使われる紅白蝶結びの水引きの祝儀袋。

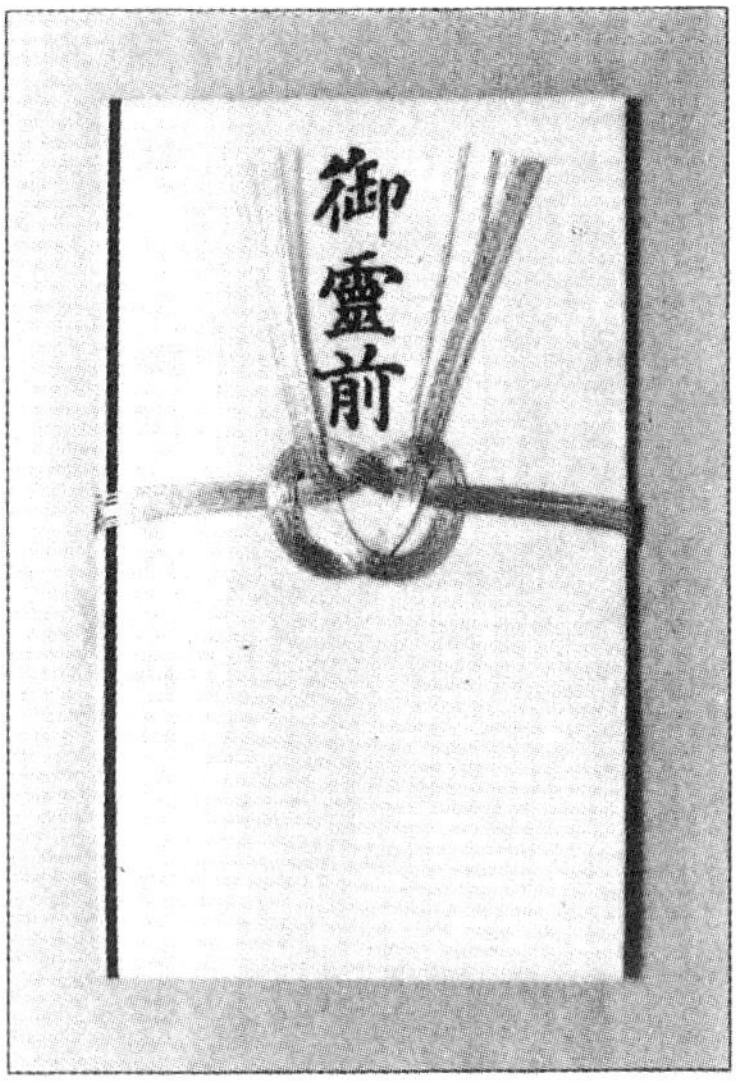

(3)
高額なものに向く、不祝儀用の中型金封。

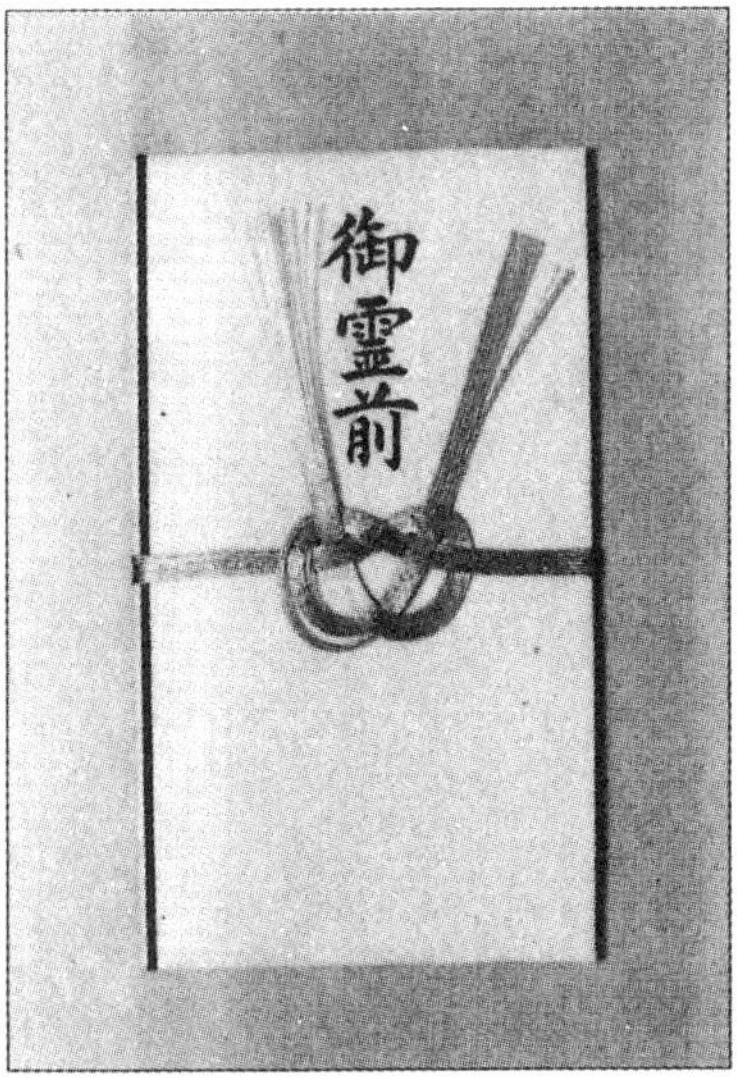

(4)
(3)より一回り小さい不祝儀袋。袋の大きさも重要です。

いろいろなのし袋

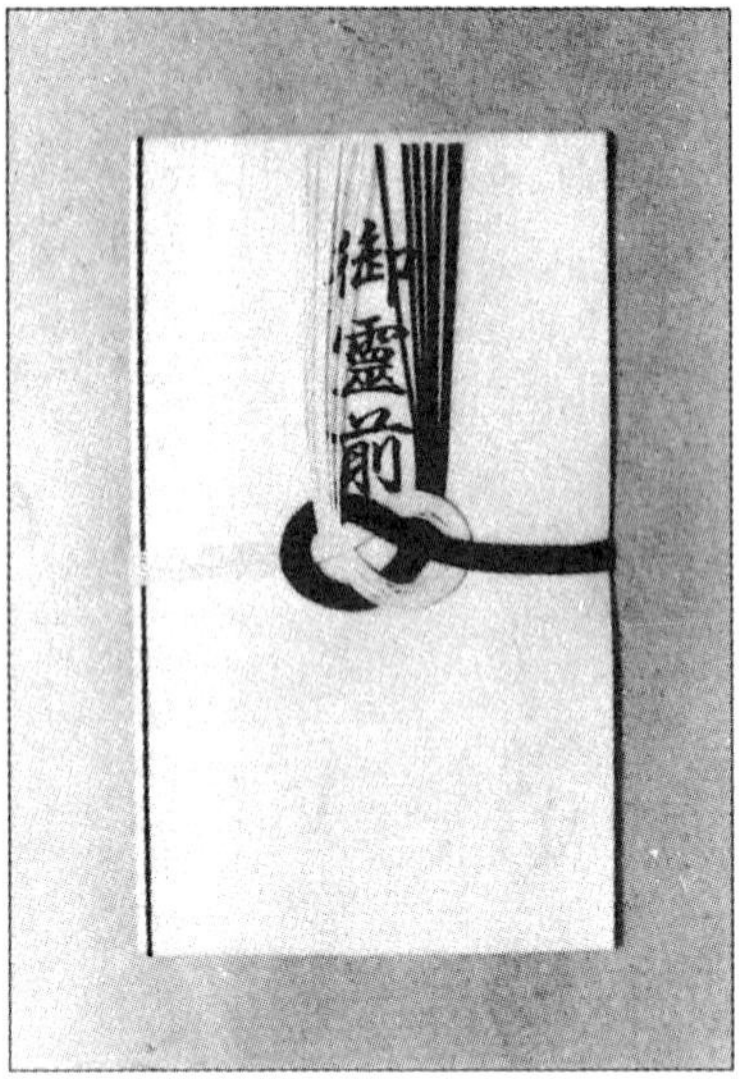

(5) 蓮の葉の模様入りの一般的な不祝儀袋。

(6) 略式の一般お祝い用祝儀袋。

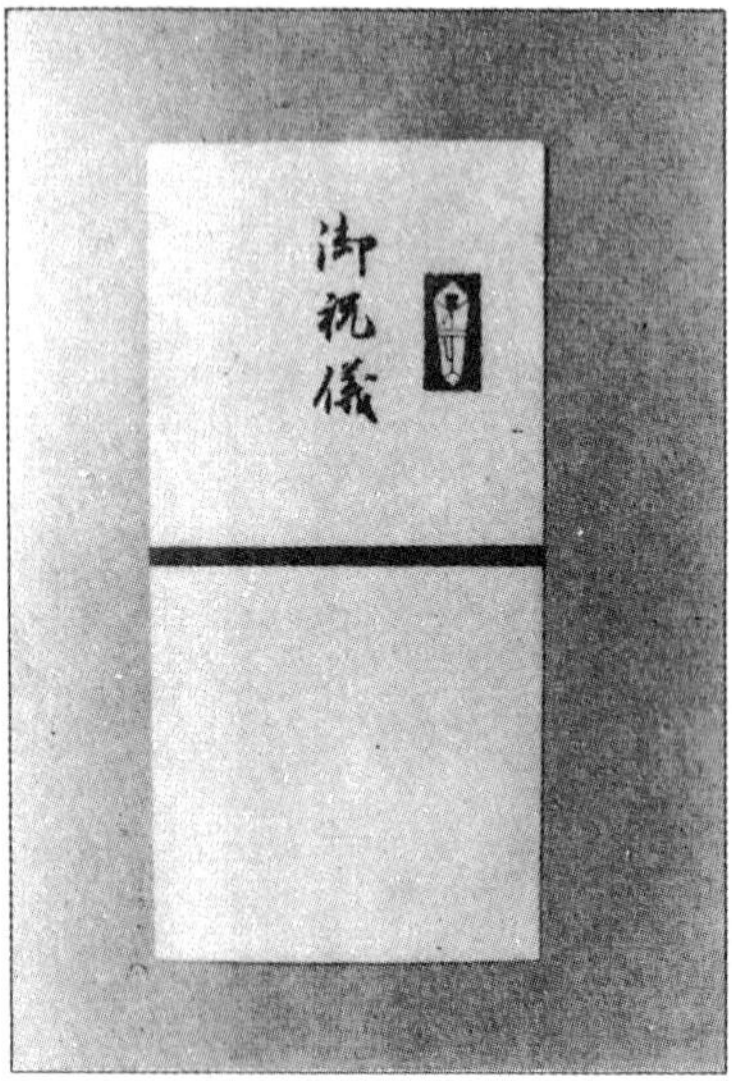

(7) 略式の水引きの赤線を入れた祝儀袋。

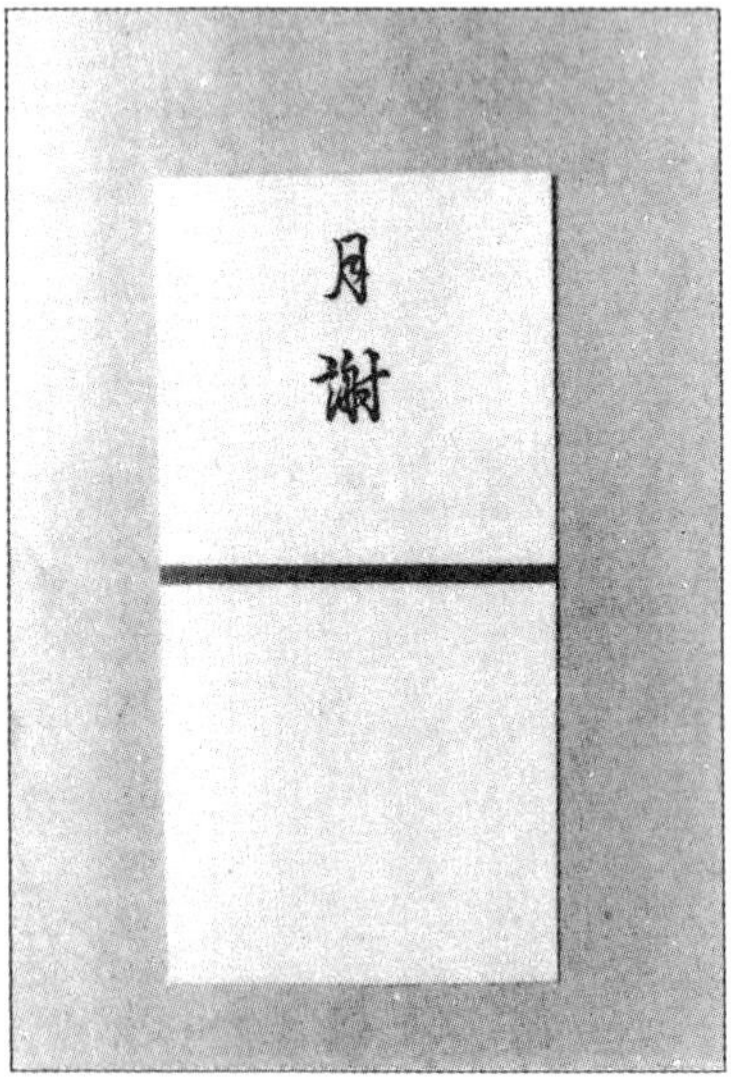

(8) 略式の、水引きの赤線入り月謝袋。

表書きの常識

のしのいろいろ

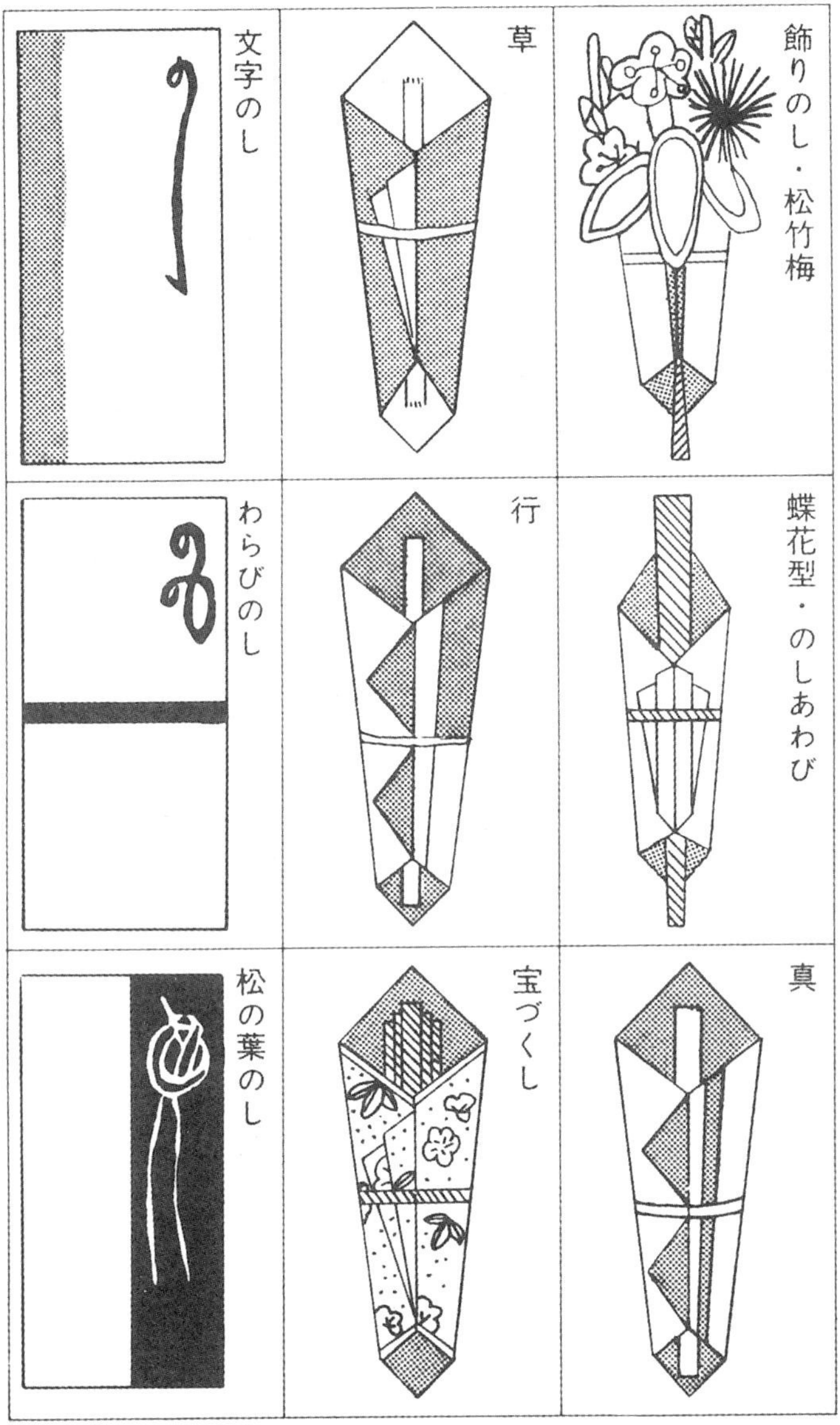

のしの原型は、慶事の贈りものにつけるあわびの身をそいで干したものです。これをつけることは、肴も添えるという意味をもちます。ですから、生ものを贈る場合には慶事でもつけません。一般に使われるのしは、折りのしというもので、のしあわびをかたどった短冊形の黄色い紙を紅白の紙で折り込んだものです。

水引きの結び方

もともと、贈り物や金包みをしっかり結びとめる細長い帯紙が、水引きの原型です。結婚や弔事など二度繰り返さない行事には、結び切りに、何度繰り返されてもよい慶事には蝶結びに結びます。地方でも習慣に差がありますが、めでたい鶴亀、松竹梅、よく使われるあわび結びなど美しいものがあります。

結び切り

(1)

(2)

(3)

(1) 交叉させる

(2) 左手で結びめを押さえ、右の人差指で白を通す。

(3) 結びめをかたく結び、両先端をそろえる。

蝶結び

(1)

(2)

(3)

(1) 交叉させる

(2) 紅で輪をつくる。

(3) 紅の輪に白をかぶせて通し、輪をつくる。

あわび結び

(1)

(2)

(3)

(1) 白で輪をつくる。

(2) 紅で輪を通す。

(3) 形よく長さをそろえる。

お金の包み方

奉書紙や半紙を用いて包みますが、その際お札は、必ず新しいものを用意しましょう。また、慶事と弔事は天地左右が逆になるので注意が必要です。

(1) 中央より少し下よりにお札を置くのがコツです。

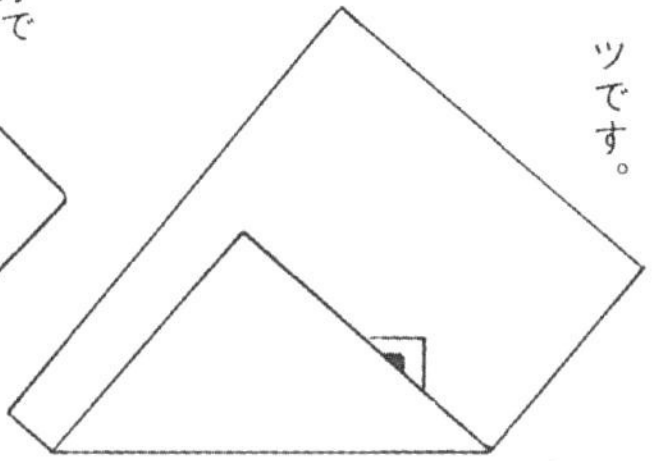

(2) 下、左の順序で折りこみます。

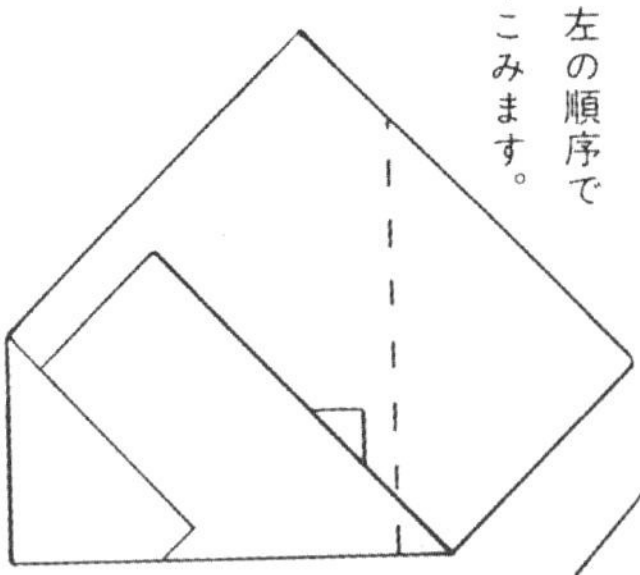

(3) 左から右と包みますが、お札の周囲に五ミリくらい余裕をもつのがコツです。

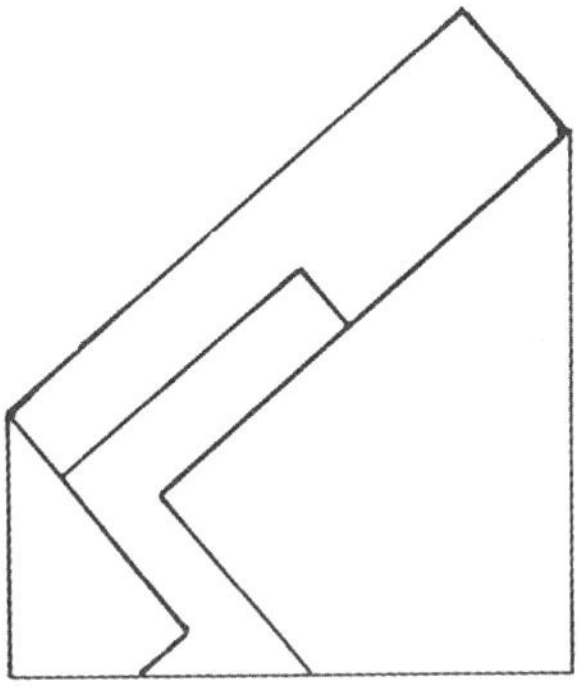

(4) お札の角を折らないように気をつけましょう。

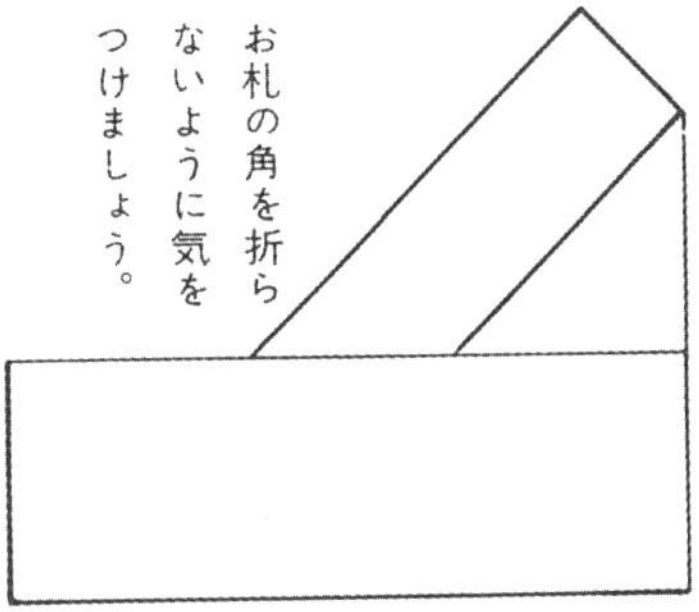

(5) 左上に斜めの端がでるようにしたものが慶事用、右下に斜めの端がでるのが弔事用の包み方です。

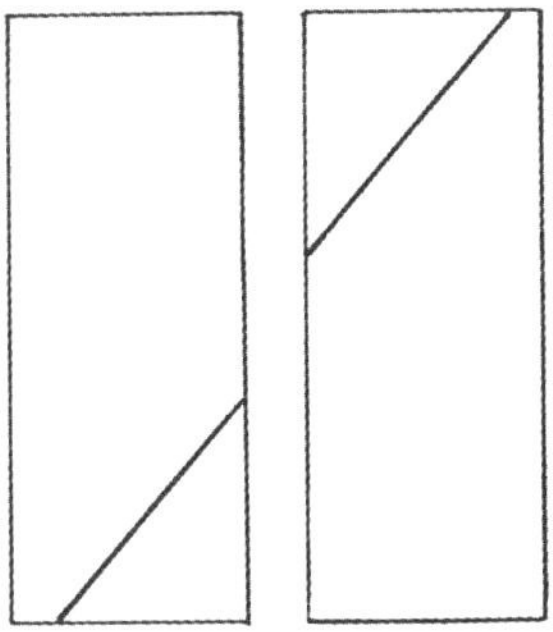

ふくさの包み方

慶事

つめを右側にし、まず左を折り、次に下、上、最後に右側を重ねます。

1

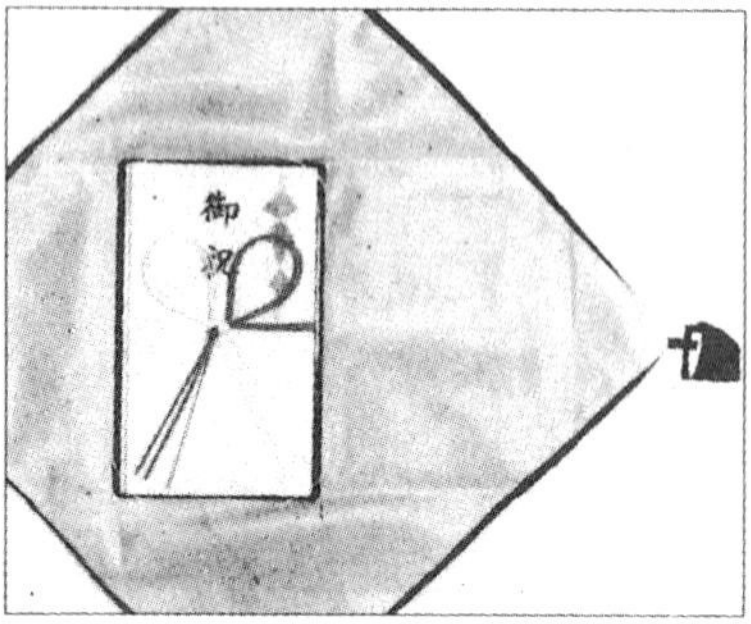

2

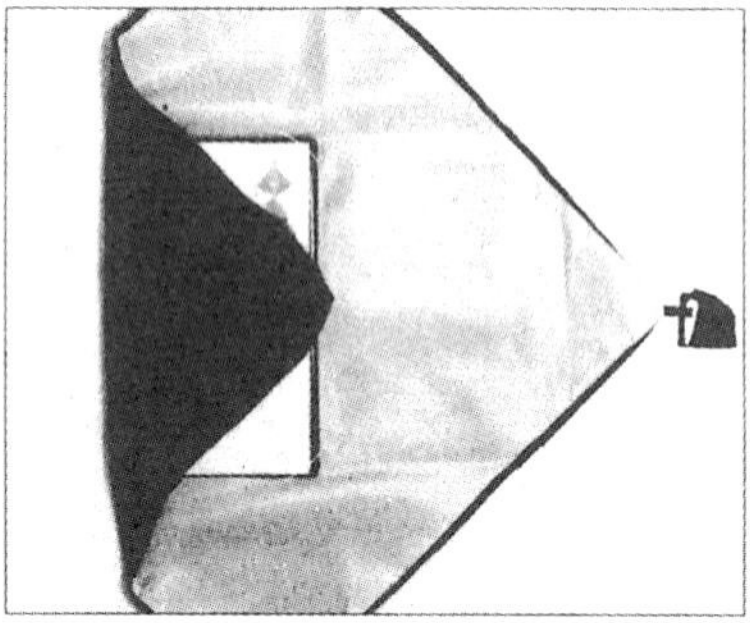

3

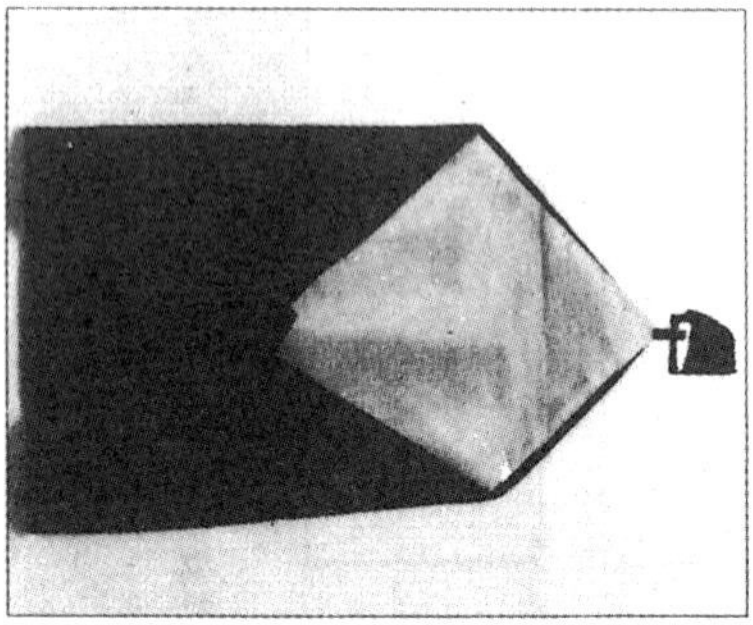

弔事

つめを左側にし、まず右を折り、次に下、上、最後に左側を重ねます。

1

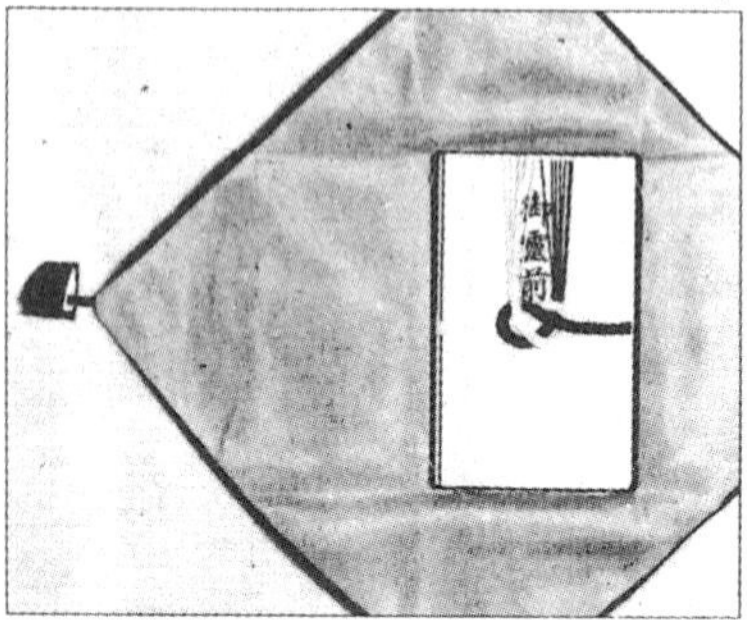

2

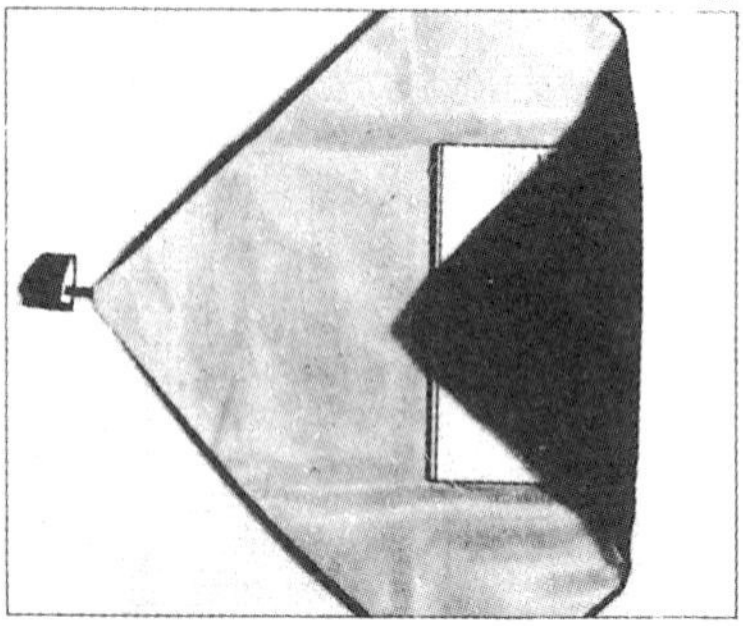

3

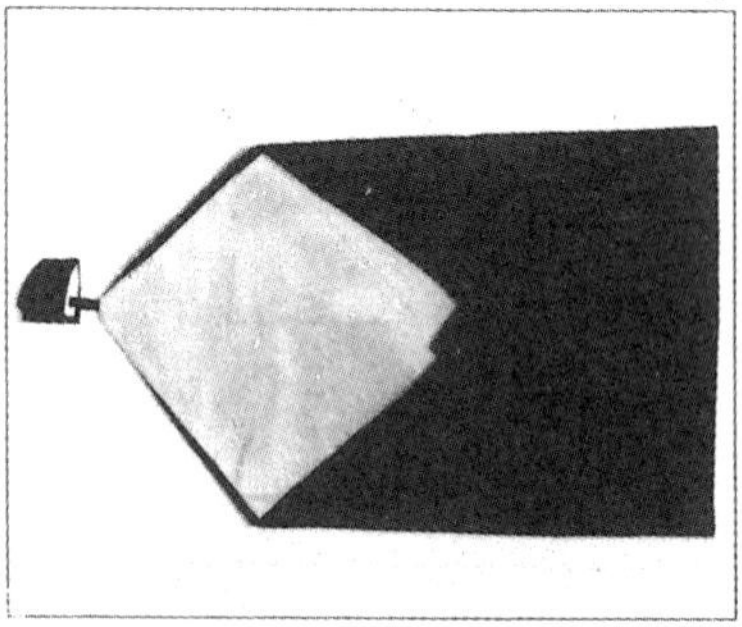

表書きの常識

贈答品の包み方

正式な贈答には、品物は奉書紙で包み、水引きをかけ、のしをつけます。日常の贈りものであれば、水引きとのしが印刷されたのし紙を使います。包装紙があまりきれいでない場合などには、白い紙で中包みをしてからのし紙をかけます。

(1) 贈りものに合わせて奉書紙の幅を決め、紙の左端を品物の左端に合わせ軽く折りめをつけます。

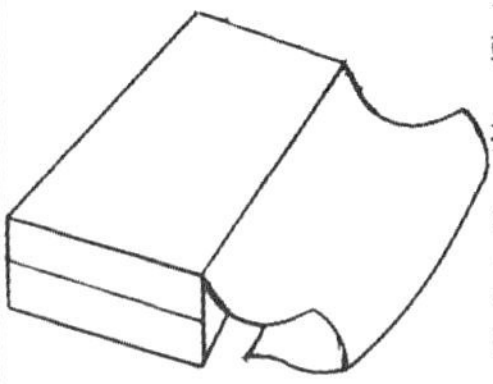

正　式

(2) ずれないように紙を下にまわし、角ごとに折りめをつけます。

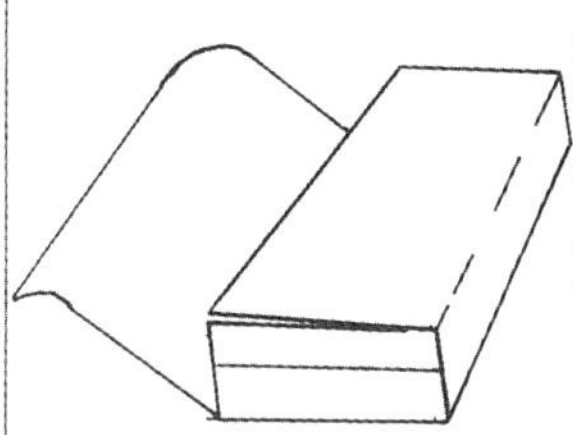

正　式

(3) 一回りさせ、(1)でかけた紙を持ち上げます。

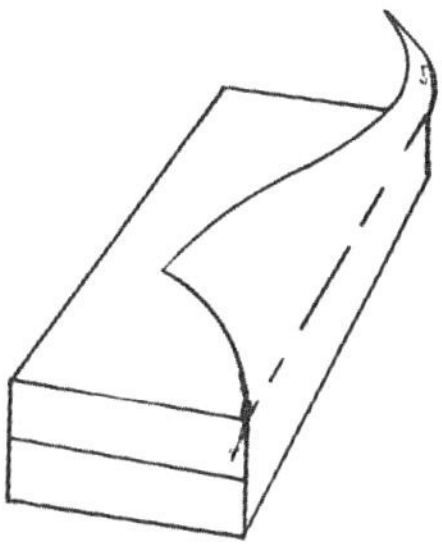

正　式

(4) 紙の左端が、贈りものの左端にきちんと合うようにします。最後に水引きを結びのしを右肩につけます。

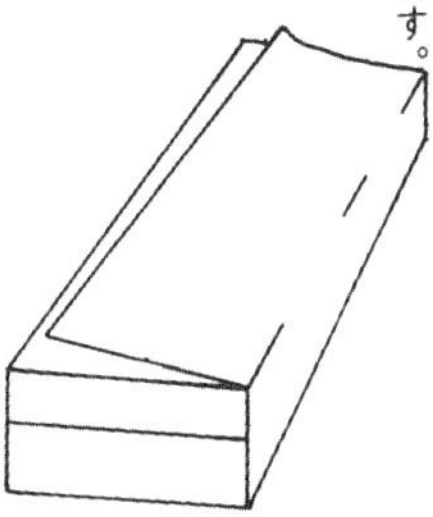

正　式

(1) 市販ののし紙の、水引きが中央にくるようにかけます。

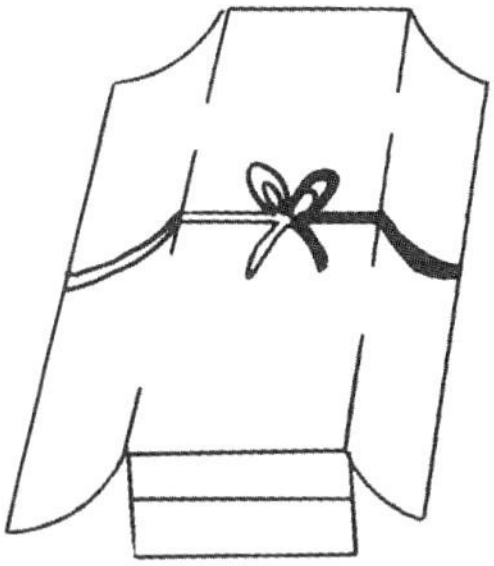

略　式

(2) 裏をセロハンテープでとめます。

略　式

のしと水引きのつけ方　表書きの常識

目的	表書きの例	のし	水引き
結納	履歴書、親族書	なし	なし
目録	目録、松魚節	なし	金銀結び切り
仲人	御礼、酒肴料	つける	紅白蝶結び
結婚式	御結婚御祝	つける	紅白、金銀結び切り
帯祝い	御帯掛祝、祝の帯	つける	紅白蝶結び
誕生	御誕生祝福	つける	紅白蝶結び
命名	命名御礼、初穂料	なし	なし
お宮参り	祝御宮参り	つける	紅白蝶結び
初節句	初雛御祝、初節句御祝	つける	紅白蝶結び
初誕生日	祝初誕生日	つける	紅白蝶結び
七五三	賀御髪置、賀御袴着	つける	紅白蝶結び
入学	御入学祝、合格御祝	つける	紅白蝶結び
就職	就職御祝、賀社会人	つける	紅白蝶結び
成人	祝御成人、祝成人	つける	紅白蝶結び
長寿	寿還暦、寿古希	つける	紅白、金銀蝶結び
寿福	祝御長寿、敬寿	つける	紅白蝶結び
結婚記念日	祝紙婚式、祝花婚式	つける	紅白蝶結び

表書きの常識

のしと水引きのつけ方

目的	表書きの例	のし	水引き
病気見舞	御見舞、祈御全快	なし	紅白結び切り
災害見舞	出火御見舞	なし	紅白結び切り
激励	陣中御見舞、祈必勝	つける	紅白蝶結び
仏式葬儀 香典	御霊前、御弔典	なし	黒白、銀白結び切り
仏式葬儀 お供え	御香華料、御香料	なし	黒白、銀白結び切り
仏式葬儀 謝礼	御布施、読経御礼	なし	白封筒で可
仏式葬儀 香典返し	忌明志、粗品	なし	黒白、銀白結び切り
仏式葬儀 法要	御佛前、御供	なし	黒白、銀白結び切り
仏式葬儀 法要の返し	粗供養、志	なし	黒白、銀白結び切り
神前葬儀	御神前、玉串料	なし	黒白、銀白結び切り
神前葬儀	御神饌料、御食事料	なし	白封筒にする
キリスト葬	御花料、忌慰料	なし	黒白、銀白結び切り
キリスト葬	献金、御礼	なし	洋封筒にする
御中元 御歳暮	御中元、御歳暮	つける	紅白蝶結び
正月	御年始、御年賀	つける	紅白蝶結び
季節	暑中御見舞	つける	紅白蝶結び
おみやげ	進呈、贈呈	つける	紅白蝶結び

のしと水引きのつけ方　表書きの常識

目的	表書きの例	のし	水引き
寄贈	謹呈、拝呈	つける	紅白蝶結び
謝礼	御礼、謝礼	つける	市販の祝儀袋で可
粗品	粗品、いも	つける	市販ののし紙で可
月謝	束脩、入門料	なし	白封筒で可
揮毫	筆墨料、揮毫料	なし	白封筒で可
原稿	原稿料、出演料	なし	白封筒で可
展覧会	金賞、特選	つける	紅白蝶結び
競技会	優勝、一等賞	つける	紅白蝶結び
功労	功労賞、金一封	つける	紅白蝶結び
栄転	御栄転御祝	つける	紅白蝶結び
新築	祝御上棟、御新築祝	つける	紅白蝶結び
開店	祝御開店、祝御開業	つける	金銀、紅白蝶結び
祝儀	御祝、祝御当選	つける	金銀、紅白蝶結び
招待	御招待、御礼	なし	市販の祝儀袋で可
綬章	祝◯綬褒章	つける	金銀、紅白蝶結び
叙勲	祝勲◯等受章	つける	金銀、紅白蝶結び

表書きの常識　**贈答の時期と目安**

贈りものをするときは

感謝の気持ちや、喜び悲しみを分かち合う気持ちを品物に託すのが、贈りもの。義理でする贈りものは、空しいものです。

品えらびは、しきたりに従うことも必要ですが、先方の趣味や家族構成を考えた上で、真心をこめて、分相応のものを選ぶのが、最もよい贈りものといえましょう。

お返しをするときは

〔慶事〕同格以上の人には半返し、目下の人には全返し。

〔見舞〕必要な時は、同格以下の人に半返し。

〔弔事〕すべての人に半返し。

〔日常交際〕同格以上の人には贈られた以下のもの。目下の人には以上のもの。

●お返しが不要でも、礼状は必ずだします。

目　　的	贈る時期	お返しの目安	お返しの時期
結婚祝	挙式一週間前まで	半返し	式後一ヵ月以内
出産祝	一ヵ月以内	半返し	出産一ヵ月後ころ
初節句祝	一週間前～当日	赤飯、もちなど	当日
七五三祝	十一月一日～十五日	千歳あめなど	当日

贈答の時期と目安

表書きの常識

目　　的	贈る時期	お返しの目安	お返しの時期
入学祝	四月上旬までに	不要	
就職祝	入社日までに	不要	
成人祝	一月十五日か誕生日に	不要	
長寿祝	一週間前から誕生日まで	赤飯、もちなど	当日以降
病気見舞い	病状によって	タオルセットなど	全快後半月以内
災害見舞い	即時	不要	
激励	当日	不要	
葬儀	通夜、告別式	せっけん、シーツなど	忌明に
法要	当日	お茶、お盆など	当日
お中元	七月一日～十五日	不要	
お歳暮	十二月上旬～二十五日	不要	
お年賀	一月一日～七日	不要	
受賞祝	決定直後	適宜	当日以降に
栄転祝	発表後二週間内	不要	
新築祝	披露の当日か前日	適宜	当日以降に
開店祝	開店当日、前日	灰皿、コースターなど	披露当日に
結婚記念日祝	当日かしばらく前に	適宜	当日以降に

書き方のポイント

点線で示す字の位置、〇印で示すアキに注意して下さい。

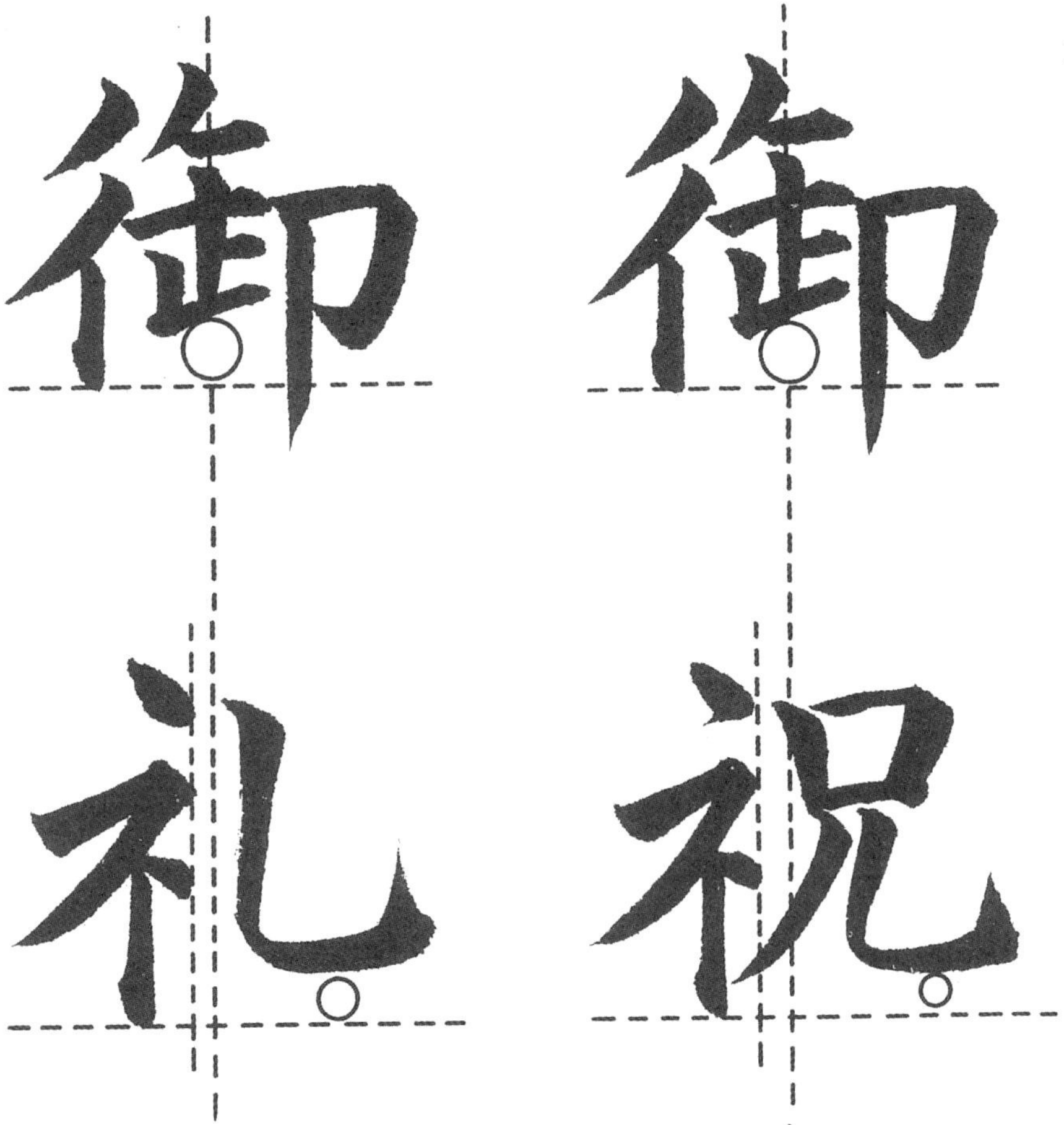

書き方のポイント

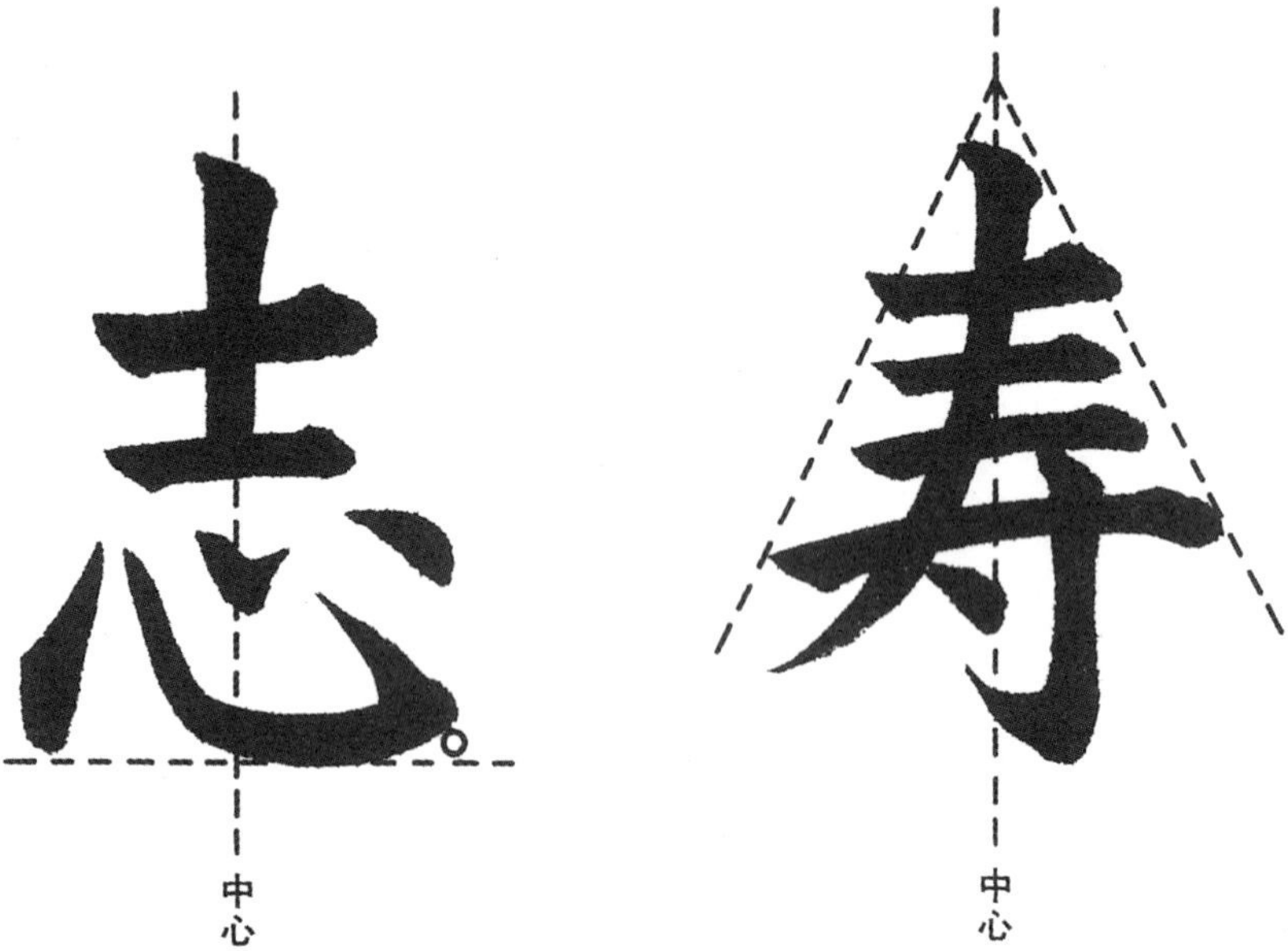

書き方のポイント

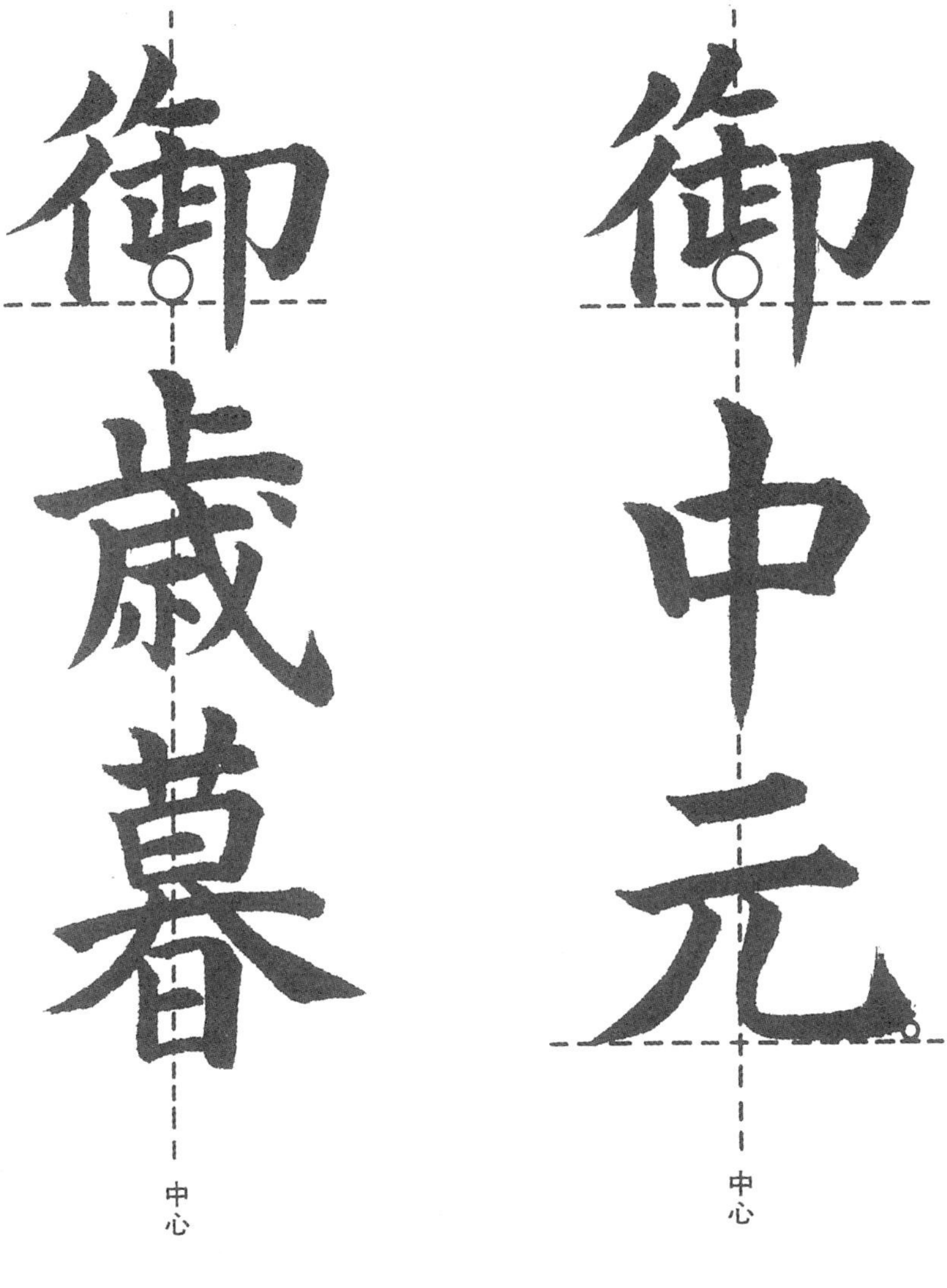

書き方のポイント

書き方のポイント

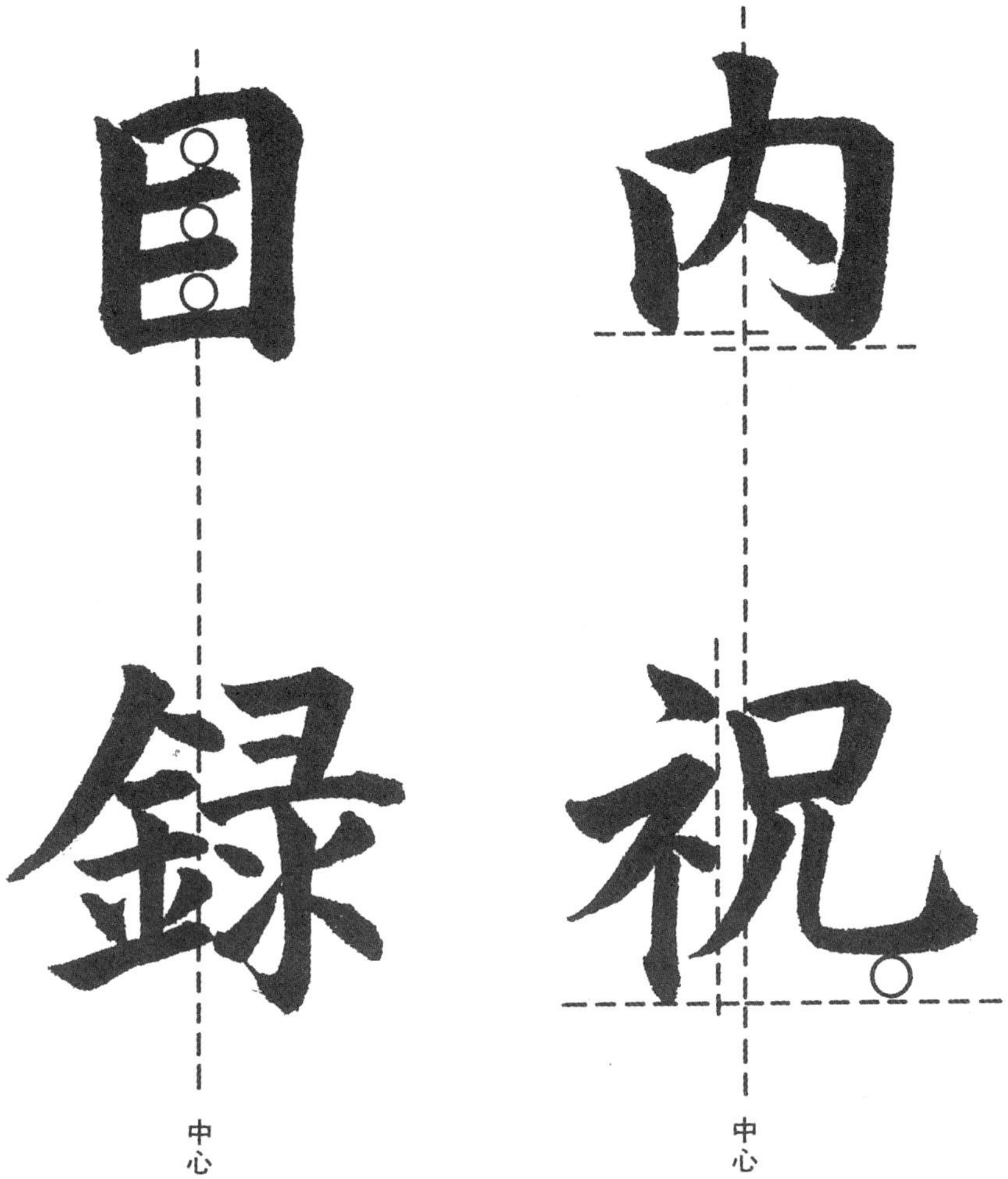

書き方のポイント　表書きの常識

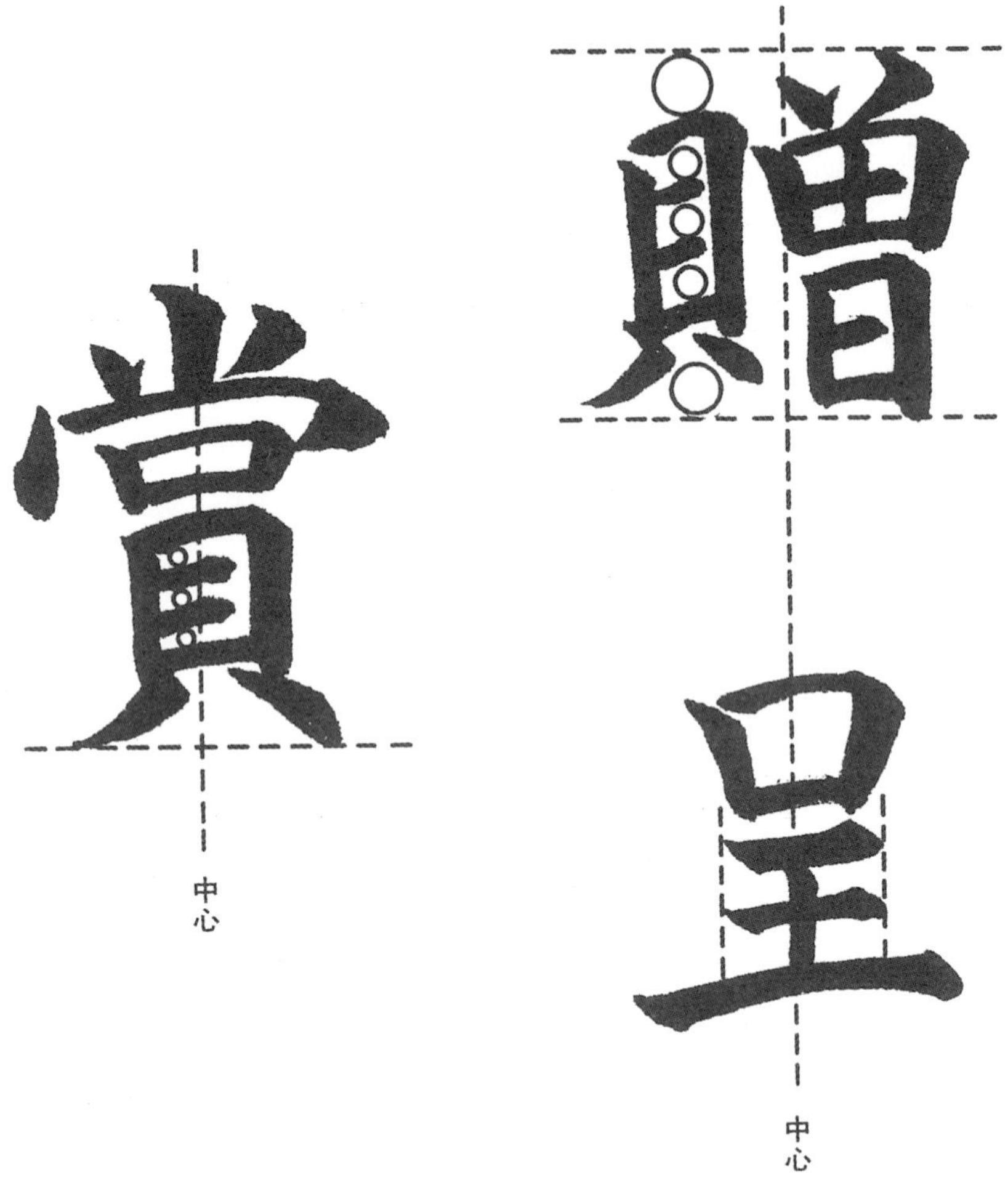
贈
呈
中心
賞
中心

書き方のポイント

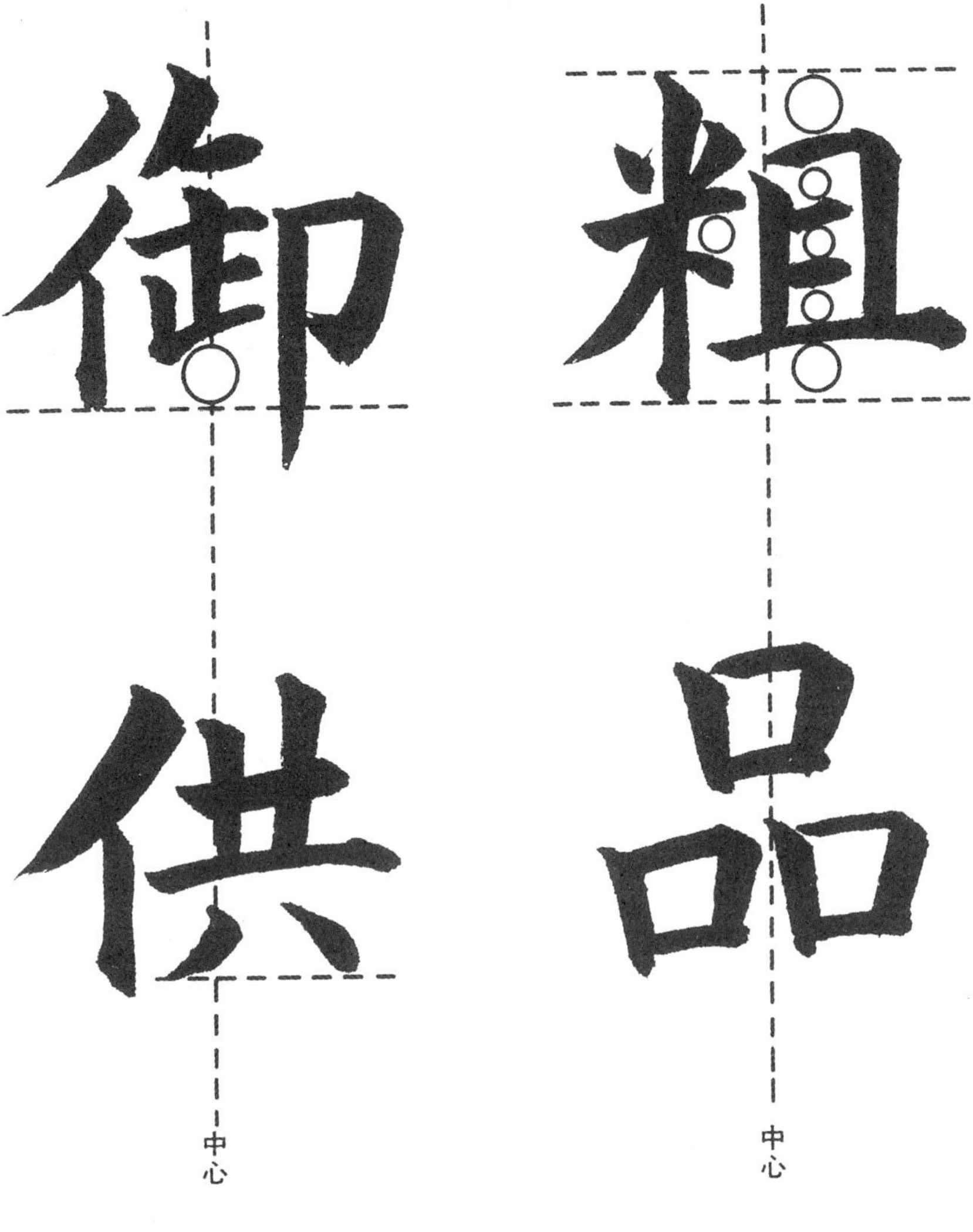

書き方のポイント

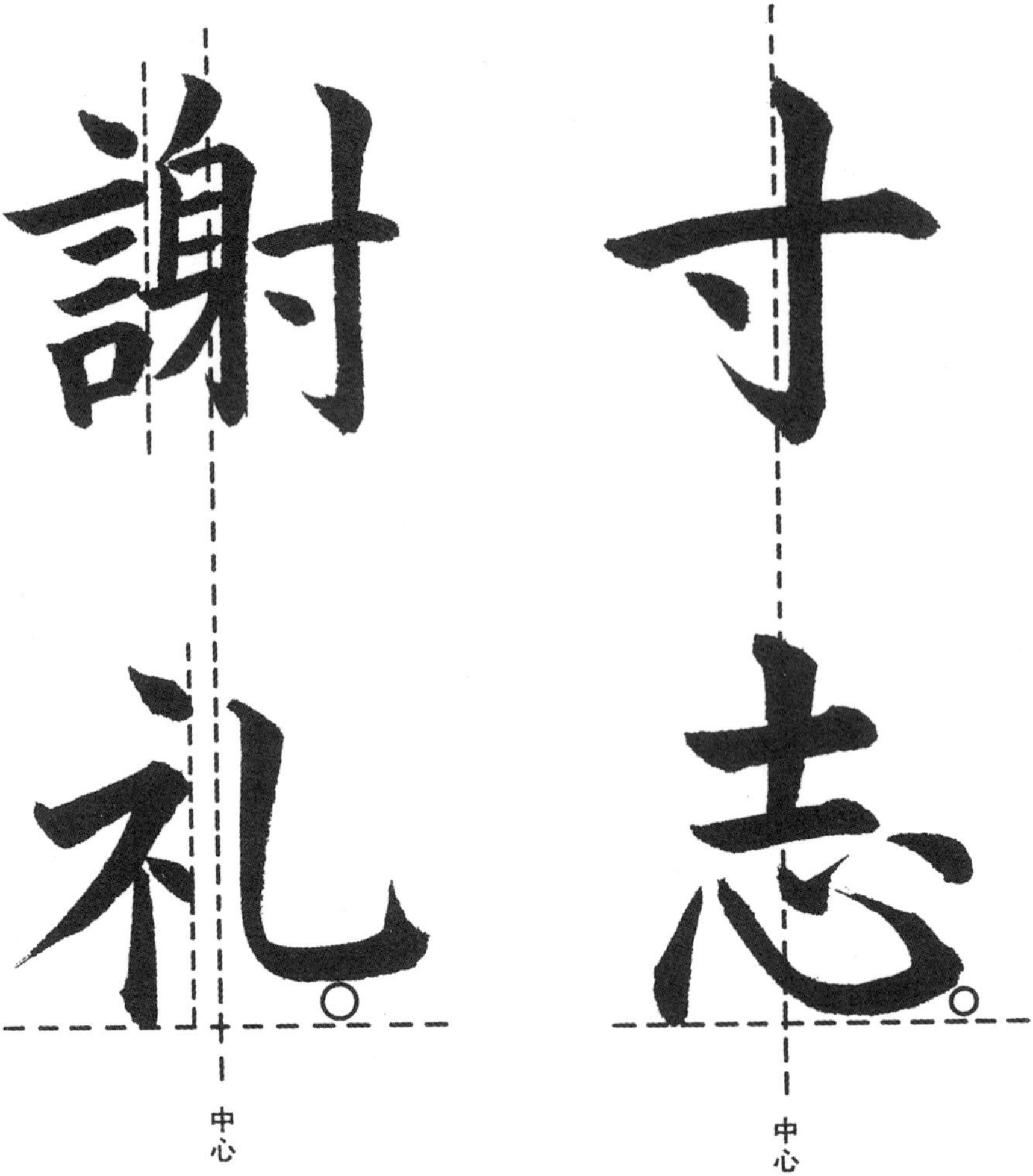

書き方のポイント

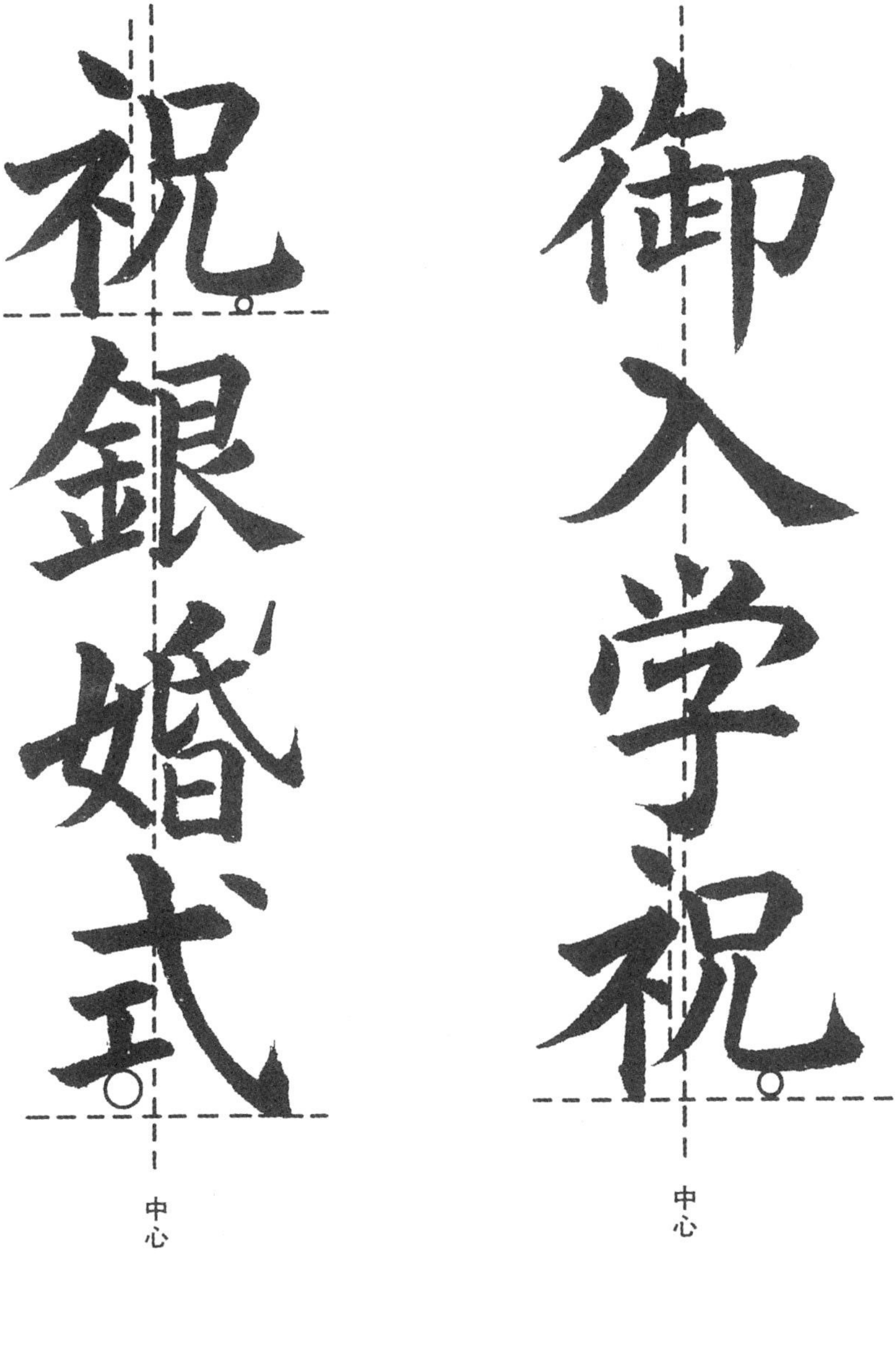

暑中御見舞

中心

御出産祝

中心

表書きの実例

毛筆見本と解説

偶数ページには解説と読み方が書いてあります。解説は冠婚葬祭の話が主です。多少地方によりそのルーツに差があるようですが、ごく一般的なものを代表例として取り上げました。

奇数ページには毛筆見本が書いてあります。上段が楷書体、下段が行草書体です。最近は楷書でわかりやすく書くほうが一般的でもあり、あまりくずした字は正式な場所向きではありません。

本を開いて左側におき、右側にのし紙を並べて書き入れるようにします。毛筆はわかりやすいように、原寸にしてあります。

結納Ⅰ

目録（もくろく）
受書（うけしょ）
御帯料（おんおびりょう）
御袴料（おんはかまりょう）

結納は婚約が成立したしるしに、一定の品物をとりかわし、相方の意志を確認するもので、法律上も認められています。正式には仲人以外の両家がたてた使者が吉日を選び、午前中に両家を往復して結納金などの目録を届けます。現在では、吉日にこだわらず、都合のよい日に仲人が届けるのが一般的ですし、両家を往復するのでなく、一堂に会して、結納交換をするのも良い方法です。

新郎からの結納金を「御帯料」といい、月収の三倍程度が目安です。お返しは「御袴料」といい、関東では半返しの習慣がありますが、関西では返さないで支度金にあてたり、結婚の際に持たせたりします。最近では結納金を廃止して、婚約指輪・時計などの記念品をとりかわすことも多くなっています。

表書きの実例　**結　婚**

目録

目録

結納の品目を書く。贈り主の名前は書かず、紅白の水引きをかける。

受書

受書

結納目録に対する領収書の意味で使う。受け取った本人のサインをする。

御帯料

御帯料

新郎側から新婦側への結納金。

御袴料

御袴料

新婦側から新郎側への結納金。

結納 II

釣書（つりがき）
履歴書（りれきしょ）
親族書（しんぞくしょ）
松魚節（かつおぶし）

目録というのは、もともと結納の際に届ける贈り物の内訳を書いたものです。使用する紙は奉書を縦折り二枚重ねにしたもので、毛筆の楷書で、できるだけ濃く書きます。最近は品目別に印刷されたものがあり、便利です。

組み合わせは一般に次の通りです。

三品目—目録・長熨斗・金包み
五品目—目録・長熨斗・金包み・末広・友
　志良賀
七品目—目録・長熨斗・金包み・末広・友
　志良賀・子生婦・寿留女
九品目—目録・長熨斗・金包み・末広・友
　志良賀・子生婦・寿留女・松魚節
　家内喜多留

他に組み合わせに沿って風呂敷・家族書・親族書用紙・受書用紙・片木盆を用意します。

表書きの実例　結婚

釣書　釣書

仲人を通し先方に渡す資料。履歴書、身上書、家族書等を白封筒に。

履歴書　履歴書

本人の学歴、職歴、資格などの他に身長、体重なども。

親族書　親族書

自分の家族構成を示すもの。各人の住所、電話も記入すると親切。

松魚節　松魚節

鰹節のこと。男性のたくましさをあらわす。

結納Ⅲ

寿留米（するめ）
友志良賀（ともしらが）
子生婦（こんぶ）
末広（すえひろ）

婚約指輪の石は、女性の誕生石が主ですが、誕生月にこだわる必要はありません。またお返しには時計・ネクタイピン・カフスボタンなど男性が身につけるものが適当です。

〈誕生石〉

1月　ガーネット（貞節・忠実）
2月　アメジスト（誠実・純真）
3月　アクアマリン（知恵・知識・聡明）
4月　ダイヤモンド（純潔・清浄）
5月　エメラルド（愛情・幸福）
6月　真珠（富・健康・長寿）
7月　ルビー（情熱・自由）
8月　サードニックス（夫婦愛）
9月　サファイア（誠実・正直・真理）
10月　オパール（希望）
11月　トパーズ（忠誠・忠実）
12月　トルコ石（成功）

表書きの実例　結婚

壽留女

壽留女

喜びの長く続くことを祈って使われる。

友志良賀

友志良賀

白麻糸のこと。夫婦が共に長寿であることを願って使う。

子生婦

子生婦

昆布のことで、子孫の繁栄を祈って使用。

末広

末広

白扇子のことで、末広がりの縁起と潔白をあらわす。

仲人

御礼（おんれい）

酒肴料（しゅこうりょう）

御祝儀（ごしゅうぎ）

寸志（すんし）

仲人は見合の際、先方を引き合わせるだけでなく、結納の使者や媒酌人になってもらうこともあります。名のみを追わずに、本当に親身になってくれる人に依頼しましょう。

仲人への謝礼の金包みには、「御礼」と表書きするのが正式ですが、結納の受け渡しのあと、仲人の労を酒食でねぎらう代わりに、「酒肴料」と書いた金包みを渡すのもかまいません。

形式的な仲人を依頼したような場合の表書きには「寿」を使います。また仲人の他に、世話になる目上の方へは「御祝儀」とし、相応の祝儀袋を用意しましょう。

この他、式の当日などに世話になる目下の人への心づけには「寸志」と表書きをします。この場合には手軽な祝儀袋でもかまいません。

表書きの実例　結婚

御礼

結納、結婚にさいしての仲人への謝礼の金包みに使う。

御礼

酒肴料

結納の受け渡しのあと、仲人を酒食でもてなす代わりの金包みに。

酒肴料

御祝儀

仲人の他、世話になった目上の人に対する心づけに使う。

御祝儀

寸志

式当日など世話になる目下の人への心づけに使う。

寸志

結婚式

御結婚御祝（ごけっこんおいわい）

寿御結婚（ごけっこんをことほぐ）

御慶（ぎょけい）

御歓（およろこび）

結婚祝いは招待状や通知を受けてから、挙式の遅くとも一週間前くらいまでに贈りましょう。挙式当日の場合は、品物よりも現金を包むのが一般的です。どうしても品物を渡したい時は目録だけにし、現品はあとで贈ります。

挙式前に渡すお祝いには、「祝御結婚」、「御慶」、「御歓」などとし、当日の場合には、「寿」、「御祝」とするのが普通です。ただし、「祝御結婚」などの四文字は〝死文体〟として嫌う人もいるので注意しましょう。

「御結婚御祝」、「寿御結婚」の表書きは挙式前に渡す場合に限ります。この「寿」の文字には幾久しくめでたさの続くことを祈るという意味があるので「寿」一字だけの表書きもよく使われます。

表書きの実例　結　婚

御結婚御祝

一番使われる結婚のお祝いの表書き。

寿御結婚

寿一字もよく使われる。

御慶

お祝いごと一般に使うが、目下の人にはさける。

御歓

お祝いごと一般に使うが、目上の人にはさける。

御結婚御祝

寿御結婚

御慶

御歓

帯祝い

祝の帯（いわいのおび）
帯掛御祝（おびかけおいわい）
祝帯掛（おびかけをいわう）
御帯祝（おんおびいわい）

妊娠五ヶ月目の戌の日に岩田帯を締め、妊婦の安全と出産の無事を祈る儀式が帯祝いです。戌の日を選ぶのは、多産でお産の軽い犬にちなんだものです。また腹帯には、妊婦の腹壁を守り、保温効果を高め、胎児の位置を正しくしておく役割があります。

一般に妊婦の母親が岩田帯を贈りますが、初産の時には媒酌人が贈ったり、安産の神社から贈ってもらうこともあります。化粧箱に入った帯を奉書に包み、水引きをかけ、自分の娘に贈る場合は、「祝の帯」、「祝い帯」、「岩田帯」と書きます。

祝いの式は、家庭に妊婦の母親を招き、食事をするなど、簡略化されてきており、腹帯も紅白の羽二重か白のさらし木綿から、コルセット、ガードル式のものが増えています。

表書きの実例　出産

祝の帯

自分の娘へ贈る岩田帯に使う。

帯掛御祝

帯祝いに招待された際のお祝いの品物に使う。

祝帯掛

儀礼にこだわらない場合の金品に使う。

御帯祝

自分の娘以外に贈る岩田帯に使う。

祝の帯

帯掛御祝

祝帯掛

御帯祝

誕生

御誕生祝福（おたんじょうしゅくふく）

御出産祝（ごしゅっさんいわい）

御初着（おんうぶぎ）

御初衣（おんうぶぎ）

以前には、妻の実家から、男児には紋つき、女児には友禅を贈り、それをお宮参りに掛けていく慣しでした。現在では普通の晴着程度のものを贈ります。表書きは「御祝」が一般的ですが、「御初衣」、「御初着」が雰囲気があってよいでしょう。

親戚・知人の出産祝いなら、先になって必要になる六ヵ月用くらいの肌着やおむつカバーなどの実用品、玩具などを選ぶのもよいでしょう。親しい間柄なら重ならないよう尋ねてからにします。また、仲人なら長く残る記念の品もよいでしょう。出生後七日目から三週間くらいの間に届けるのを目安とします。

出産祝いのお返しは紅白の石けん、角砂糖、かつお節などを用います。表書きは「内祝い」とし、下に赤ちゃんの名前を書きます。

表書きの実例　出産

御誕生祝福

出産のお祝いに贈る品物に使う。

御出産祝

出産のお祝いに金品を贈る際に使う。

御初着

出産のお祝いに産婦の里方から贈る肌着に使う。

御初衣

御初着と同じだが、一般の場合にも使う。

御誕生祝福

御出産祝

御初着

御初衣

命名

命名御礼（めいめいおんれい）

祝御七夜（しゅくおしちや）

初穂料（はつほりょう）

祝詞御礼（のりとおんれい）

出生届は、生後十四日以内と決まっており、それまでに命名して、出生地の市区町村役場に届けなければなりません。「お七夜」は生まれて七日目の夜のことで、この日に赤ちゃんの名前を決めて披露します。

正式の命名書は、奉書紙を三つ折りにして表に「命名」と書き、開いた中央の真中に赤ちゃんの名前、右肩に父親の氏名、左下に赤ちゃんの生年月日を、左側の紙面右肩に命名年月日、中央に両親の名前を書きます。簡単にする場合は、赤ちゃんの名前、生年月日を半紙に書くことで済ますこともあります。

命名披露のあと祝膳を囲んで祝いますが、産婦もまだ疲労の残る時期ですので、名づけ親を頼んだ方がいればその方と、家族、双方の両親などごく親しい人だけの会とします。

表書きの実例

出　産

命名御礼

赤ちゃんの名付親へのお礼に使う。感謝の気持ちをこめて筆太に。

祝御七夜

生後七日目に、肉親によるお祝いに使う。

初穂料

初宮参りで祝詞奉上をしてくれた神官へのお礼に使う。

祝詞御礼

あまり儀礼的でない神社参りの際のお礼に使う。

命名御礼

祝御七夜

初穂料

祝詞御礼

お宮参り

祝御宮参（しゅくおみやまいり）
祝御食初（しゅくおくいぞめ）
祝御色直（しゅくおいろなおし）
幣帛料（へいはくりょう）

地方により違いますが、男児は生後三十二日目、女児は三十三日目というのがお宮参りの日とされます。これにこだわらず天気の良い、おだやかな日を選ぶとよいでしょう。赤ちゃんと一緒に神社にお参りし、子供の健康と幸福を祈ります。正式なお宮参りでは実家か婚家の祖母が赤ちゃんを抱き、出産祝いの産衣を掛け、両親も正装で出かけます。

お食いぞめは、生後百日または百十日か日二十日に、将来赤ちゃんが豊かであることを祈って行なう儀式です。親戚や親しい人を招き、長寿の人に食べさせる真似事をしてもらいます。

お色直しは、生後百一日目に、それまで着ていた白い衣服から色物に着替えることですが、現在はあまり行なわれないようです。

表書きの実例　出産

祝御宮参

祝御宮参

氏神へ参る子供へのお祝いに使う。男児は生後三十二日目、女児は三十三日目に。

祝御食初

祝御食初

初めてごはんを食べさせる真似をする行事のお祝いに使う。

祝御色直

祝御色直

初めて色物の晴着を着せる行事のお祝いに使う。

幣帛料

幣帛料

初穂料と同じだが、品物のお礼の際に使う。

初節句

初雛御祝（はつびなおいわい）

初幟御祝（はつのぼりおいわい）

御初節句（おんはつせっく）

祝初節句（しゅくはつせっく）

男児は端午の節句に、女児はひな祭りにちなんだ人形・置物を贈ります。子供が初めてむかえる節句ですが、生まれてすぐ初節句をむかえてしまうような場合は、初誕生日に祝いましょう。女児のお祝いには妻の実家からひな人形を贈る習慣がありますが、男児の場合にははっきりしたきまりはありません。

「御初節句」、「祝初節句」は男女に共通した表書きで、「初雛御祝」は女児に、「初幟御祝」は男児に使います。お祝い品は一週間前までには届くようにします。

お返しは必要ありませんが、男児の場合はかしわ餅、女児はさくら餅を当日に届けたり、遠方の方には、いただいたものと一緒の子供の写真などを添えた礼状を出すとよいでしょう。

表書きの実例　成　長

初雛御祝

女児の初めての桃の節句のお祝いに使う。

初幟御祝

男児の初めての端午の節句のお祝いに使う。

御初節句

金品でのお祝いに使う。目上の人の場合に。

祝初節句

金品でのお祝いに使う。友人や目下の人の場合に。

初雛御祝

初幟御祝

御初節句

祝初節句

初誕生日

初誕生日御祝（はつたんじょうび おいわい）

祝初誕生日（しゅく はつたんじょうび）

祝御誕生日（しゅく おたんじょうび）

祝御成長（ごせいちょうを いわう）

赤ちゃんが初めてむかえる誕生日を初誕生日といいます。一年たつと赤ちゃんも本当にしっかりしてきます。昔は祝餅をつき、刀・そろばん・ものさしなどの中から好きなものを選ばせて子供の将来を占ったり、家庭の慶事として盛大に祝っていました。子供の成長を喜び、それまでお世話になった人に報告する意味で、仲人、親戚などに集まってもらって祝膳を囲むのもよいでしょう。お祝いには、衣類・玩具などを贈ります。

子供が大きくなるにつれ、誕生祝いは子供中心の家庭的なものになります。友だちを呼んで昼間にパーティーを開くのも楽しいことですが、大げさになりすぎないよう、親同士がよく相談をすべきです。バースデーケーキと年の数のロウソクもすっかり定着しました。

表書きの実例　成長

初誕生日御祝

初誕生日御祝

満一歳の誕生日のお祝いに使う。目上の人の家庭の場合に。

祝初誕生日

祝初誕生日

満一歳の誕生日のお祝いに使う。友人、目下の人の家庭の場合に。

祝御誕生日

祝御誕生日

誕生日のお祝いに使う。目上の人の場合は「御誕生日祝」とする。

祝御成長

祝御成長

誕生日以外で子供の成長を祝う際に使う。

七五三

賀御髪置（おんかみおきをがす）

賀御袴着（おんはかまぎをがす）

御袴着祝（おんはかまぎいわい）

賀御帯解（おんおびときをがす）

七五三は、もともと三歳の髪置き、五歳の袴着、七歳の帯結びと子供の成長を祝う儀式から始まったものです。それまで剃っていた髪を伸ばす髪置きの祝い、男児がはじめて袴をつける袴着の祝い、女児が着物のつけひもをとって帯をするようになる帯結びの祝いと、それぞれ決まった祝いがありました。現在では、十一月十五日かその前後の都合のよい日に、三、五歳の男児、三、七歳の女児と親が改まって、神社に参拝し、成長の報告と感謝をします。

七五三は、本来親が子供のために祝う儀式ですから、他人からのお祝いの方式はありません。親しい方から何かいただいた場合や、子供が特にお世話になっている方などには、千歳飴や赤飯を届けます。

表書きの実例　成長

賀御髪置

三歳の男女児がむかえる髪置のお祝いに使う。

賀御袴着

五歳の男児がむかえる袴着のお祝いに使う。

御袴着祝

友人、目下の人の家庭の袴着のお祝いに使う。

賀御帯解

七歳の女児がむかえる帯解のお祝いに使う。

賀御髪置

賀御袴着

御袴着祝

賀御帯解

入園・入学

御入園祝（ごにゅうえんいわい）

御入学祝（ごにゅうがくいわい）

御進学祝（ごしんがくいわい）

合格御祝（ごうかくおいわい）

幼稚園・小学校・中学校・高校・大学と、入園・入学祝いは何段階かあります。

小学生までは、品物が重複しないように、事前に親と相談します。実質的な面から現金を贈るのも喜ばれます。

中学生以上になってくると、本人の好みもはっきりしてきますので、趣味性の強いものは避けます。図書券などは一番無難でしょう。親しい間柄なら、本人の希望を聞いてあげるのもよいでしょう。

表書きは「御入学祝」が最も一般的に使えますが、「御進学祝」、「合格御祝」など、状況に合わせて配慮します。

お返しは品物でする必要はありませんが、本人からの礼状を送り、先方に同じようなことがあった際、お祝いをするよう心がけます。

表書きの実例　成長

御入園祝

幼稚園の入園祝いに使う。

御入学祝

小、中、高、大学の入学祝いに使う。

御進学祝

進学のお祝いに使う。

合格御祝

入学試験などに合格した際のお祝いに使う。

御入園祝

御入学祝

御進学祝

合格御祝

卒業と就職

祝御卒業（しゅく ごそつぎょう）

卒業御祝（そつぎょう おいわい）

祝御就職（しゅく ごしゅうしょく）

賀社会人（しゃかいじんを がす）

卒業祝いは、入学祝い、就職祝いと重なることが多いので、どちらかに代用してもかまいません。贈るものも、学生生活が続く場合と、そうでない場合で、自ずと違いがでます。

就職祝いは、実質的に、社会へ第一歩を踏み出すときのものですから、前途を祝福する意味があり、お祝いを受ける側にも、新しい環境でのスタートという緊張感があります。社会の先輩として、はなむけの言葉とともに実用的なものを贈るのがよいでしょう。

お返しは不要ですが、恩師、就職・進学でお世話になった方、保証人になってくれた方への挨拶や礼状は欠かすことができません。しばらくしてから、初サラリーで買った手土産品を持って、報告かたがた伺うのも、一法です。

表書きの実例　成長

祝御卒業

卒業のお祝いに使う。

卒業御祝

卒業のお祝いに贈る品物に使う。

祝御就職

就職のお祝いに使う。

賀社会人

社会に出る時のお祝いに使う。

祝御卒業

卒業御祝

祝御就職

賀社会人

成人

祝御成人（しゅくごせいじん）

成人式御祝（せいじんしきおいわい）

祝成人（しゅくせいじん）

御服地料（おんふくじりょう）

現代では、二〇歳になった男女すべてに、法律的に成人の資格が与えられており、成人の日として一月十五日が制定され、国や地方公共団体、企業などが成人式を行なっていますが、昔は一人前になった儀式として「冠礼」とか「初冠」とよばれる元服の儀式がありました。

お祝いは、親戚やごく親しい間柄で行ない、社会人になっている人には記念品、学生なら現金や図書券などが一般的な贈り物です。洋服代として現金を包む場合は、「御服地料」と書きます。

誕生祝いなどと同様、直接のお返しは特に必要ありません。しかし、一人前になった者として、本人からのお礼、礼状は必ずさせるように。

表書きの実例

成長

祝御成人

祝御成人

成人祝いに金品を贈る際に使う。

成人式御祝

成人式御祝

成人祝いに贈る品物に使う。

祝成人

祝成人

あまり儀礼的でない成人のお祝いに。

御服地料

御服地料

成人や就職のお祝いに洋服代としてお金を贈る際に使う。

長寿Ⅰ

寿還暦（かんれきをことほぐ）
寿古稀（こきをことほぐ）
祝喜寿（きじゅをしゅくす）
祝米寿（べいじゅをしゅくす）

長寿のお祝いは、数え年で行なうのが正式です。昔は節句に祝いましたが、現在は誕生日、敬老の日などが一般的です。六十一歳の還暦、七〇歳の古稀、七十七歳の喜寿、八十八歳の米寿が代表的な長寿の祝いです。

還暦は、六十一年目に生まれた年と同じ干支に戻ることから祝うもので、〝本掛帰り〟とも呼ばれ、赤子と同じになることから、赤いちゃんちゃんこ、赤い座布団などを贈る習慣がありました。しかし現代では、この年齢は、まだ現役の年齢なので、年寄り扱いはせず、ますます元気に、という意味合いのものを贈ります。古稀上の方のお祝いは、親戚などが一堂に会して行なうとよいのですが、本人が疲れないよう留意しましょう。

お返しの表書きは「寿」です。

表書きの実例　長寿

寿還暦

寿還暦

数え年六十一歳のお祝いに使う。

壽古稀

寿古稀

数え年七十歳のお祝いに使う。

祝喜寿

祝喜寿

数え年七十七歳のお祝いに使う。

祝米寿

祝米寿

数え年八十八歳のお祝いに使う。

長寿Ⅱ

寿福(じゅふく)
祝御長寿(いわうごちょうじゅ)
敬寿(けいじゅ)
祝延寿(しゅくえんじゅ)

特別賀寿のお年寄りでなくとも、敬老の日などにはお祝いを贈りたいものです。こんな場合には、「寿福」、「祝御長寿」などと表書きをします。

お祝いは、身の回りの心のこもった品物などが適していますが、お元気な方なら、旅行を計画したり、観劇へのご招待などもよいでしょう。

一緒に生活をしていない人の場合、お年寄りのお世話をしている方に対してもこういう際に、感謝を込めて心づかいをしてあげるべきでしょう。

お返しは、特に必要ありません。

家庭の中では、このほか本人の好みの食事を整え、全員で祝います。もちろん普段からの敬老の気持ちが一番大事です。

長寿

壽福　寿福

長寿のお祝い、敬老の日のお祝いなどに使う。

祝御長寿　祝御長寿

還暦や古希にあてはまらない誕生日、敬老の日のお祝いに使う。

敬壽　敬寿

祖父母に対する孫からのお祝いに使う。

祝延寿　祝延寿

敬老会などで団体からお祝いする場合に使う。

結婚記念日

祝紙婚式（しゅくかみこんしき）

祝花婚式（しゅくはなこんしき）

祝銀婚式（しゅくぎんこんしき）

祝金婚式（しゅくきんこんしき）

結婚記念日のお祝いは最近増えてきています。家と家の結びつきより、夫婦単位のつき合いが多くなってきているからでしょう。結婚記念日の名称と贈り物は、たいへんに数多くあります。

基本的には二人の記念日ですが、一年目くらいには、仲人にもごあいさつをし、また、両親へのお礼の気持ちもあらわしましょう。親しい夫婦同志、毎年関連のあるものを少しずつ贈ったりするのも、しゃれています。

友人・知人などを招いて盛大に、特に子供たちや周囲の人が祝ってあげるのは、銀婚式と金婚式です。銀婚式では、二十五年前の結婚式を再現してみるのも面白いでしょうし、旧婚旅行のプレゼントも多いようです。

お返しの代わりに会食などをします。

表書きの実例　**結婚記念日**

祝紙婚式

結婚一周年の夫婦のお祝いに使う。

祝花婚式

結婚七年目の夫婦へのお祝いに使う。

祝銀婚式

結婚二十五年目の夫婦へのお祝いに使う。

祝金婚式

結婚五十年目の夫婦へのお祝いに使う。

祝紙婚式

祝花婚式

祝銀婚式

祝金婚式

病気見舞い

御見舞（おみまい）

祈御全快（ごぜんかいをいのる）

祈御快気（ごかいきをいのる）

祝御全快（ごぜんかいをいわう）

病気見舞いには、火事や災害のお見舞いにも使う「御見舞」と表書きするのが一般的です。お見舞いに行く前に、必ず病状や病気の種類を確認しておきましょう。その後で、直接出向くか、手紙や電話で済ませるかを決め、持っていくお見舞い品を考えます。お見舞い品は、長期療養者の方には、吸湿性の良い寝巻やタオルなど身の回り品、快復期の方や軽症の方には、気分の紛れるような書籍も喜ばれますし、もちろん現金を贈るのも構いません。花にする場合は、縁起をかつぐ方もいるので、椿やシクラメンなどは避けるのが無難でしょう。

病気がすっかり全治したのを確認してからのお見舞いには「祝御全快」、「祝御快気」と表書きします。

表書きの実例　見舞い

御見舞

病気、火事、災害、お見舞い事全般に使う。

祈御全快

比較的若い人の病気見舞いに使う。

祈御快気

目上の人などの病気見舞いに使う。

祝御全快

病気全快をお祝いして。

御見舞

祈御全快

祈御快気

祝御全快

病気見舞いのお返し

全快内祝（ぜんかいうちいわい）
快気祝（かいきいわい）
志（し）
御見舞御謝（おみまいおしゃ）

長く病床生活を続けたあとで全快した場合には、医師、看護婦、付添人、見舞い客などを招いて、快気祝の席を設けたり、内祝いの品物を送り感謝の意を表わします。

担当の医者に対してのお礼は、勤め先よりも自宅へ、また看護婦に対してのお礼は、病棟単位に贈るようにしましょう。

お見舞をもらった方々に対しては、赤飯、紅白の砂糖や石けんなどに、全快の通知とお見舞いのお礼の言葉を添えて贈るのが一般的です。

控え目にお返しをするときは、「粗品」、「志」と表書きしますが、やはりできれば礼状も添えたいものです。

全快してから十日から一カ月までの間に、お返しを贈るのが適当でしょう。

表書きの実例　見舞い

全快内祝

全快内祝

お見舞いのお返しに。

快気祝

快気祝

お見舞いのお返しに。

志

志

小さな品物でのお返しに使う。

謝御見舞

謝御見舞

入院中、病室へ見舞ってくれた人達に対するお礼の際に使う。

災害見舞い

出火御見舞（しゅっかおみまい）

類焼御見舞（るいしょうおみまい）

災害御見舞（さいがいおみまい）

水害御見舞（すいがいおみまい）

災害は突然のことです。近くの場合はなるべく早く、手伝いを兼ねて当座のお見舞いを届けたいものです。被災者の方は、毎日の生活必需品にも事欠く状態で、これからどうやって良いのか途方に暮れている訳ですから、お見舞いも儀式ばったことは避け、実用的な見地から考えましょう。

食料品、衣類、寝具類、日用品などすぐに役立つものを届けたいものです。またこの場合、現金は決して失礼に当りませんし、むしろその方が被災者の方には助かることが多いようです。

日頃それほど親しい交際をしていない方へのお見舞いは、二、三日してから伺うようにしましょう。

相手を励ます心配りを忘れずに。

表書きの実例　見舞い

出火御見舞

火事の火元になった家へのお見舞いに使う。

類焼御見舞

類焼で被害を受けた家へのお見舞いに使う。

災害御見舞

地震、水害などで被害を受けた家へのお見舞いに使う。

水害御見舞

水害の被害を受けた家へのお見舞いに使う。

出火御見舞

類焼御見舞

災害御見舞

水害御見舞

激励 I

陣中御見舞（じんちゅうおみまい）
祈御当選（ごとうせんをいのる）
御部屋見舞（おへやみまい）
御挨拶（ごあいさつ）

選挙事務所や競技会の事務所などへのお見舞いは、お見舞いとはいっても、事が無事に成し遂げられるための景気付けといった意味合いが強いものです。総称して陣中見舞いと呼び、おめでたい部類のものといえるでしょう。

贈り物としては、もちろん現金の場合もありますが、品物の場合は、大勢の人が会しているわけですから、その場でいっしょに飲食できるもの、たとえばおすし、サンドウィッチ、お菓子、ジュースなど、それに酒類が、陣中見舞いの場に相応しく、喜ばれます。花束やだるまなどを贈って、縁起をかつぐのも良いでしょう。

音楽会や舞踊の発表会など催し事を見舞うのを、特に楽屋見舞いなどと言います。贈り物は陣中見舞いの場合とほとんど同じです。

見舞い

陣中御見舞

陣中御見舞

選挙、競技会などの事務局への激励、慰労に使う。

祈御当選

祈御当選

選挙事務所への品物に使う。

御部屋見舞

御部屋見舞

各種発表会、催事に出演している人の楽屋への慰労に使う。

御挨拶

御挨拶

展覧会などの慰労の品物に使う。

激励II

祈御健闘（ごけんとうをいのる）

祈必勝（ひっしょうをいのる）

祝栄冠（えいかんをしゅくす）

祝勝利（しょうりをしゅくす）

スポーツの競技会やクラブの合宿などへ、練習の苦労をねぎらったり、成果を喜んだり、主に激励を目的に届けるお見舞いを、合宿見舞いといいます。

したがって贈り物は、食べものや飲みものが中心となるでしょう。おすし、サンドウィッチ、お菓子、ジュース、日本酒、ビール、洋酒などが多いようです。また、気を付けておきたいのは衛生面で、これも贈る側のエチケットです。

試合の時間を事前に調べ、試合の前や勝利の後にタイミング良く贈ると効果的です。

贈る前に責任者の方に一言相談してから届けるようにしたいものです。

表書きの実例　見舞い

祈御健闘

試合を控えた合宿、宿泊所などへの激励の品物に使う。

祈必勝

選挙、競技会などでの激励の品物に使う。

祝栄冠

優勝した場合のお祝いに使う。

祝勝利

各種の個人戦で勝った人へのお祝いに使う。

祈御健闘

祈必勝

祝栄冠

祝勝利

仏式葬儀　香典

御霊前（ごれいぜん）
御弔典（ごちょうでん）
御香典（おこうでん）
御香奠（おこうでん）

香典は、お通夜か告別式のときに持参します。葬儀の場は取りこみますから、裏書きには必ず住所、氏名、金額を忘れずに書いておきます。連名の場合は、三名までを金包みに書き、それ以上の名前は別の紙に書いて、中に入れます。

もともと香典は、花や供物のかわりに供えるお金のことなので、霊前に直接供えるべきものですが、家族にお悔みをのべて渡したり、受付があれば記帳した上で受付に渡すこともあります。仏前に供えるときは、拝礼をすませてから、表書きの文字を仏前に向けて台の上に置きます。香典の金額は、故人との関係や自分の社会的地位を考慮して決めます。郵送のときは、不祝儀袋に香典を入れ、お悔やみの手紙を同封し、現金書留、速達で。

弔い

御霊前
御霊前

葬儀の際に、死者の霊前に供える金品に使う。

御弔典
御弔典

会社など団体の関係者を、団体で弔う供物に使う。

御香典
御香典

霊前に供える香に代わるものとしての金銭の包みに使う。

御香奠
御香奠

現代では御香典と同じ意味に使われるが、故人が目上の人の場合に使う。

仏式葬儀　お供え

御香華料（ごこうげりょう）

御香料（おこうりょう）

御供（おそなえ）

御悔（おくやみ）

危篤や臨終が知らされたら、自分の立場を考えて弔問します。近親者や親しい間柄の人の場合はすぐ駆けつけて、お悔やみをのべます。間接的な連絡によって知った場合などは、通夜か、告別式のいずれかに出向けばよいでしょう。お悔やみの言葉は「かえすがえすも」などの重ねことばを忌みことばとして避けているので注意したいものです。電話でのお悔やみは遠慮するのが礼儀ですが、やむをえないときは、わざわざ遺族を呼び出さずに電話口の人に伺う時間などを伝えるだけにしましょう。遠方の場合は、さっそく弔電を打ちますが、弔慰電報を利用するのが便利です。

霊前への供え物として、花輪を贈るときは、事前に遺族に連絡し意向を確認してからにしましょう。贈る場合は早目に。

表書きの実例　弔い

御香華料

御香華料

故人が直接的な関係の目上の人の場合に使う。香華をたむけるという意味。

御香料

御香料

御香華料と同じ意味。

御供

御供

お通夜、葬儀などの際に供える果物、菓子、花などに使う。

御悔

御悔

お通夜など葬儀の前に、霊に供える金品に使う。

仏式葬儀　謝礼Ⅰ

御布施（おふせ）

御経料（おきょうりょう）

御回向料（おんえこうりょう）

読経御礼（どきょうおんれい）

お寺や僧侶に出す礼金であるお布施には、枕経、通夜、葬儀、車代、戒名のお礼や法事のお礼など各種あります。

表書きは「御布施」と書くのが一般的ですが、仏事の内容によっていくつかの書き方があります。

僧侶へ謝礼を渡すのは、お通夜の枕経のあとや告別式後に遺骨が家に帰ってきたあとに手渡します。お布施を包む場合、なるべく市販ののし袋ではなく半紙に包んで渡します。小型のお盆などにのせて渡します。

金額は、寺の格式などによって異なりますが、直接聞くよりも、世話人の人やその宗教関係の人に聞いた方がよいようです。

表書きの実例　弔い

御布施

御布施

読経などのお礼に、僧侶が帰るときに小型の盆などにのせて渡すお金に使う。

御経料

御経料

御布施と同じ意味。特にあまり親しくはない寺院などに多く使う。

御回向料

御回向料

御布施と同じ意味。死者が読経により極楽往生したお礼という意味。

読経御礼

読経御礼

読経を中心とした僧侶へのお礼に使う。

仏式葬儀　謝礼II

御膳料（おぜんりょう）
御車代（おくるまだい）
戒名料（かいみょうりょう）
志（し）

葬儀のあいだは、いろいろな人の御好意をうけているものです。世話人代表や受付、会計、進行などの仕事をお願いした方々から、雑用を手伝ってくれた親しい方、近所の方まで忘れずに、感謝の気持ちでお礼を差しあげましょう。特に中心的な役割をたのんだ方が、目上の方だったり、勤務先の方の場合には、お礼の品物を持参したほうが良いでしょう。その他の方々には「御礼」「御車代」などとして、少額の金を添え、労をねぎらいます。このほか、葬儀社の社員やハイヤーの運転手、火葬場の係員などにもお礼の気持ちで心づけを準備します。

葬儀のあとは、世話人などを慰労する飲食の宴、精進落としを行ないますが、僧侶が出席しない場合は、「御膳料」を包みます。

表書きの実例

弔い

御膳料　御膳料

弔事に招いた僧侶に、酒食を供する代わりとして渡す金銭に使う。

御車代　御車代

弔事に招いた僧侶に、送迎の車を準備する代わりに渡す金銭に使う。

戒名料　戒名料

死者に仏弟子としての称号、戒名をつけてもらったお礼に使う。

志　志

法事のお礼一般によく使われる。

仏式葬儀　香典返し

忌明志（きあけし）

粗品（そしな）

茶の子（ちゃのこ）

満中陰志（まんちゅういんし）

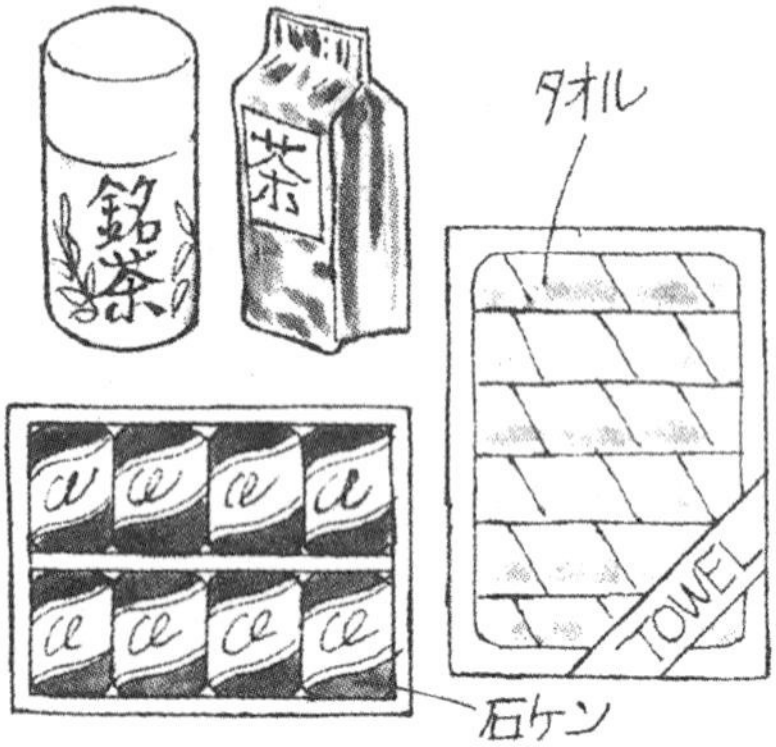

香典をいただいた方への香典返しは、三十五日か四十九日（忌明け）の法要のあと行なうのが一般的です。

いただいた金額の半分から三分の一に相当する品物を返しますが、品物はお茶、石けん、シーツ、タオルケットなど生活必需品がよいでしょう。これにあいさつ状を添えて届けます。本来は持参するのが正式ですが、最近はデパートなどから配達してもらうことも多いようです。

特に親しい方へは、自筆のあいさつ状を添え、感謝の気持ちを表現しましょう。

また、西の方では「満中陰志」とすることが多いようですが、これは三十五日および四十九日の法要でのお返しに使用するものです。それ以降は使えないので注意しましょう。

表書きの実例　弔い

忌明志

忌明志

仏式では三十五日か四十九日の法要、神式では五十日祭での香典返しに使う。

粗品

粗品

香典返しの品物に使う。特に長く使う品物の場合に。

茶の子

茶の子

香典返しで食物などを配る場合に使う。

満中陰志

満中陰志

三十五日、四十九日の法要のお返しに使う。

仏式葬儀

御佛前（ごぶつぜん）

御供物料（おそなえものりょう）

御供（おそなえ）

御菓子料（おんかしりょう）

法要

葬儀がすんだら、死亡した日から四十九日まで、七日目ごとに法要を営んで、故人の冥福を祈ります。忌日のうち初七日と五七日、七七日を盛大に行ないます。それ以外の忌日は、省略するか内輪ですませます。そのあとは、新盆、初彼岸、一周忌、三周忌、七年忌、一三年忌、一七年忌などがありますが、普通は三十三年忌ぐらいまでで終りにします。一周忌までは多くの方を招きますが、三周忌からは関係の深い人だけを招く場合が多いようです。

法要は、僧侶の読経のあと、参会者が焼香し、死者の霊を供養します。法要が終ると、施主は食事を用意し、参会者をもてなします。

法要に招かれた場合は、供え物や現金を包んで持って行きます。

表書きの実例

弔い

御佛前

法要で仏前に供える金品に使う。

御供物料

法要で供物の代わりのお金に使う。

御供

法要で品物を供える際に使う。

御菓子料

御供物料と同じ意味だが、金額があまり多くない際に使う。

御佛前

御供物料

御供

御菓子料

仏式葬儀

粗供養（そくよう）

供養志（くようし）

志（し）

偲草（しのぶぐさ）

法要のお返し

仏式の葬儀では、死者の霊を供養するために、葬儀のあとも、忌日に法要を催します。

とくに、一周忌などの大がかりな法要のときには、葬儀のときと同じようにたくさんの近親者、友人、知人、勤務先関係者が訪れます。忌明け（三十五日または四十九日）に香典返しをすませることは、すでに述べましたが、それ以外の法要のときにも、参列した方へのお返しとして品物を配ります。

表書きは「粗供養」「供養志」などとして、わざわざ出向いていただいた方々への感謝の気持ちを表わします。

最近では、一周忌などのお返しに、故人の歌集や詩集、文集などを遺稿集として自費出版したものを配る方もいらっしゃるようです。真心のこもった記念になることでしょう。

表書きの実例　弔い

粗供養

法要のお返しの品物に使う。

供養志

粗供養と同じく、法要のお返しの品物に使う。

志

香典返しにも、法要のお返しにも使う。

偲草

神式の法要の五十日祭のあと、忌明けの挨拶に使う。

粗供養

供養志

志

偲草

神式葬儀Ⅰ

御神前（ごしんぜん）
玉串料（たまぐしりょう）
御榊料（おさかきりょう）
初穂料（はつほりょう）

日本古来の宗教である神道にのっとった葬儀は、仏式の葬儀といろいろ異なったところがあります。神式葬儀では、儀式をとりしきる神官から玉串を受けとり、それを根元が祭壇に向くようにして供え、弔意を表わします。会葬者が多くて、用意した玉串が足りなくなったときは、かわりに洗米を焼香と同じやり方でささげることもあります。

仏式の香典にあたるお供えのお金には、「御神前」「玉串料」などと表書きします。供えものには「御榊料」「初穂料」などとします。金額や返しは、仏式に準ずることが多いようです。香典は通夜か告別式に持参します。香典返しも半返しか、三分の一くらいをめどに、三十日祭または五十日祭の忌明けのあとに贈ります。

表書きの実例　弔い

御神前

神前の弔事のほか、神事全般に使う。

玉串料

死者の霊前に供える榊の代わりのお金に使う。

御榊料

玉串料と同じ意味。

初穂料

神前の供物に使う。

御神前

玉串料

御榊料

初穂料

神式葬儀II

御神饌料（ごしんせんりょう）

御食事料（おしょくじりょう）

御祈禱料（ごきとうりょう）

御祭祀料（おさいしりょう）

神式では、仏式の法要にあたるものを霊祭といい、十日単位で祭ります。翌日祭、十日祭、三十日祭、五十日祭などで、これで忌明けになります。その後は百日、一年、次いで満三年、五年、十年、二十年、三十年、四十年、五十年目にとりおこないます。

神事へ捧げるお供えは、神さまにも、衣食住の品物が必要であるという考えから行なわれ、お供えの名称にもいろいろなものがあります。「御神前」の表書きは、神前行事一般に使えます。

神社へのお礼は、「御神饌料」などと表書きします。神社の格式や祭事の規模によって謝礼の中味は異なりますので、前もって、くわしい方に相談しておくとよいでしょう。ただ、仏式に比べると格式ばらないようです。

表書きの実例　弔い

御神饌料

弔事のお礼に神官に渡すお金に使う。

御食事料

神官に酒食を供する代わりに渡すお金に使う。

御祈祷料

葬儀だけでなく、神前でお祈りをしてもらうお礼のお金に使う。

御祭祀料

神事でまつりごとをしてもらうお礼のお金に使う。

御神饌料

御食事料

御祈祷料

御祭祀料

キリスト教式葬儀Ⅰ

御花料（おはなりょう）

忌慰料（さいりょう）

御弥撒料（おんみさりょう）

御偲料（おんしのぶりょう）

キリスト葬では、霊前に花をささげ、故人に弔意をあらわします。終わりにも棺に花を入れて故人とお別れします。賛美歌や聖書の朗読を行なって祈りをささげるのが、ならわしです。

このようにキリスト葬では、花が大切な役割を果たしますので、香典の表書きには、「御花料」とします。ただし、仏式や神式とちがって、花輪や供え物は供える必要はありません。

香典返しの習慣はありませんが、最近では、する人が多くなっているようです。あいさつ状は忘れずに出しておきましょう。

キリスト教の宗派にはカトリック（旧教）とプロテスタント（新教）がありますが、その性格上、後者の方が葬儀も簡略化しています。

表書きの実例　弔い

御花料

キリスト教で死者の霊前に供えるお金に使う。

忌慰料

プロテスタントの弔事の金品に使う。

御弥撒料

カトリックの弔事の金品に使う。

御偲料

弔事で品物を供える際に使う。

御花料

忌慰料

御弥撒料

御偲料

キリスト教式葬儀II

献金（けんきん）

御礼（おれい）

薄謝（はくしゃ）

御席料（おせきりょう）

キリスト教では、法要にあたるものとして、記念祭、追悼ミサを行ないます。

プロテスタントでは埋葬式を行ない、十字架をたてます。死後一週間、十日、一ヶ月、一年目に自宅か教会または墓前で記念式を設けます。

カトリックでは、死亡した日から三日目、七日目、三十日目、一年目に教会で追悼ミサを行ないます。

それ以後の儀式は、特に決まっていませんが、毎年決まった日に祈りがささげられます。

牧師、神父は葬儀のかなめとして大切な役割をはたします。お世話になったお礼のお金は、「献金」「御礼」と表書きし、贈ります。白の洋封筒に入れて手渡しましょう。

年中行事

献金

教会への葬儀のお礼のお金に使う。

御礼

神父や牧師への葬儀のお礼に使う。

薄謝

遺族から教会へのお礼に使う。

御席料

葬儀で教会を借りたお礼のお金に使う。

献金

御礼

薄謝

御席料

お中元とお歳暮

御中元（おちゅうげん）
寸志（すんし）
御歳暮（おせいぼ）
お歳暮（おせいぼ）

日頃お世話になっている方へ、感謝の気持ちをこめて贈るもの、それが「お中元」と「お歳暮」です。デパートなどから送るにしても、葉書などで、一言お礼を述べましょう。

「お中元」は、もともと中国から伝わってきたものですが、お盆と結びついて定着しました。贈る時期は、七月初旬から十五日くらいまでで、そのあとは「暑中御見舞」となります。

「お歳暮」は、一年のしめくくりの意味合いが強く、十二月二十日頃までに先方に届くようにします。

贈る品物に特にきまりはありませんが、「お歳暮」には、お正月用の食料品なども喜ばれるでしょう。毎年、決まったものをお届けするのも一つの方法です。

表書きの実例　年中行事

御中元

目上の家庭へ夏に贈る品物に使う。

寸志

世話になったお礼を兼ねて贈る品物に使う。

御歳暮

目上の家庭へ暮に贈る品物に使う。

お歳暮

女性からの場合、親しい相手の場合などに使う。

御中元

寸志

御歳暮

お歳暮

お正月

お年玉（おとしだま）
御年始（おねんし）
御年賀（おねんが）
御勝栗料（おんかちぐりりょう）

正月は、年神様を各家に迎え、一年の幸福と健康を祈念します。昔は、本家に一族が集まり、挨拶を交したものが、年賀状・年始回りとなってきたわけです。

近年、一般家庭の年始回りより、企業や商取引の上でのものが多くなっています。こういう場合は、名刺の右肩に「御年賀」、「賀正」と書いて品物に添えます。

「お年玉」は本来、目上の人が目下の人に金品を贈ることでしたが、今では、子供にあげるおこづかいを意味するようになりました。「お年玉」と書いたのし袋に、できれば子供の名前も書いて、渡すようにします。毎年金額がニュースになるくらいですが、親戚同志などは相談しあって、過大にならないようにすべきでしょう。

年中行事

お年玉

先方の小さな子供へのお年玉に使う。

御年始

年賀に訪れた人へのお返しの品物に使う。

御年賀

年始回りの品物に使う。

御勝栗料

少し格式張った年始回りの品物に使う。

お年玉

御年始

御年賀

御勝栗料

季節見舞

寒中御見舞（かんちゅうおみまい）
余寒御見舞（よかんおみまい）
暑中御見舞（しょちゅうおみまい）
残暑御見舞（ざんしょおみまい）

日頃ごぶさたしている親戚、友人、知人などに近況を知らせたりする際、時候の挨拶は手頃です。

「寒中御見舞」は一月初旬から立春までの時期に使います。喪中の家庭に、新年早々ご挨拶に行くような場合にも使えます。「余寒御見舞」は立春を過ぎてからあと、寒い日が続いているような場合で、直接お届けする時に用いるのがよいでしょう。

「暑中御見舞」は、七月中旬から立秋までの時期に使います。そのあと八月中は、「残暑御見舞」となります。「お中元」をお届けするのが遅れた場合にも使えます。

時候の挨拶ということから、贈る品物は、なるべくなら、季節感のあるものがよいと思われます。

表書きの実例

年中行事

寒中御見舞

一月初旬から立春までの見舞いに使う。

余寒御見舞

立春以降、寒い時期の見舞いに使う。

暑中御見舞

七月中旬から立秋までの見舞いに使う。

残暑御見舞

立秋以降、暑い時期の見舞いに使う。

寒中御見舞

余寒御見舞

暑中御見舞

残暑御見舞

おみやげ

御土産（おみやげ）
おみやげ
進呈（しんてい）
贈呈（ぞうてい）

仕事の出張や、観光旅行で持ち帰ったもの、各種催物で配るものなど、その種類も回数も多いのが、「おみやげ」です。また、ほんのささいなものでも、いただいて嬉しいのが「おみやげ」です。

観光地などで求めるものは、こけしや菓子類など決まりきったものになりがちです。その土地ならではのものを探しましょう。高価でなくとも、真心のこもったものを贈ることです。買い求めた品物を、自分で包装する場合は、「御土産」、「おみやげ」と表書きをします。

各種催物で配る「おみやげ」は、記念品の性格が強くなります。その催物の内容にもよりますが、一般に、日常的で、長く使えるものがよいでしょう。

表書きの実例

日常の交際

御土産

訪問の時に持参する品物に使う。

おみやげ

軽い手みやげとして持参する品物に使う。

進呈

慶事、弔事に関係なく贈る品物に使う。

贈呈

進呈と同じ意味だが、少し高価な品物に使う。

御土産

おみやげ

進呈

贈呈

寄贈

謹呈（きんてい）
拝呈（はいてい）
奉納（ほうのう）
寄贈（きぞう）

贈答には、「贈答」、「謹呈」、「寄贈」、「進呈」、「敬呈」、「拝呈」、「奉納」などがあります。

「謹呈」—仕事や公的な関係で、目上の人に慶事、弔事、見舞い以外で品物を贈ることをいいます。

「寄贈」—公共的な施設などに、団体から団体へ品物を贈るときに使います。

「進呈」—贈呈より丁重なことばですが、同輩や目下の人に対するような意味もありますから、使うときに気をつけましょう。

「敬呈」—うやうやしく差し上げることで、「拝呈」も同じ意味です。

「奉納」—神社や仏閣へ金品を正式に献上するときに使います。いずれも目上の人に贈る場合に多く使いますので、注意が必要です。

表書きの実例　**日常の交際**

謹呈　謹呈

進呈と同じ意味だが、目上の人に贈る際に使う。

拝呈　拝呈

目上の人にお金を贈る際に使う。

奉納　奉納

神社・仏閣に正式に献上する金品に使う。

寄贈　寄贈

学校・団体などに寄付をする際に使う。

謝礼

御礼（おんれい）
謝礼（しゃれい）
薄謝（はくしゃ）
謝儀（しゃぎ）

日常生活の中で相手からいろいろ世話になったり、仕事上で何らかの恩恵を受けることは数多くあることです。そんなときにお礼をするのは当然のことです。

お礼は早め早めにするようにしましょう。あまり遅れてから出すと、効果が半減したり、場合によっては逆効果になることもあるので注意したいものです。

表書きは一般的に「御礼」、「お礼」とします。現金をお礼として贈る場合は謝礼とし、必ずのしをつけます。

また、同一の品物を大勢に配る場合など、わずかなお礼のときは「薄謝」とします。「寸志」、「薄儀」も同じ意味です。ただし、目上の人には使わないように注意します。

表書きの実例

日常の交際

御礼
御礼

感謝の気持ちを金品にかえて贈る際に使う。

謝礼
謝礼

金品をお礼に贈る際に使う。

薄謝
薄謝

日常の交際での軽いお礼、あるいは同一の品物を大勢に配る際に使う。

謝儀
謝儀

感謝をこめた軽いお礼に使う。

粗品

粗品（そしな）
粗菓（そか）
松の葉（まつのは）
いも

デパート、商店などからお客へのサービスの品物によく使われる言葉です。あまり仰々しくない、ごく軽い気持ちのお礼や小物を贈るときに使います。

粗とは、あらいこと、手を加えていないことをあらわします。ですから粗末な品物という意味になりますが、もちろんこれは贈るときの謙譲語、逆にあまり高価なものにまで使うと、かえって嫌味になるので気をつけましょう。

普通使うのが「粗品」、他に和菓子を贈る場合には、「粗菓」を使います。女性が親しい目上の方に贈る品物のときは平仮名書きの「そしな」、目下の人への「いも」などもよく使われます。いくら粗品とはいえ、もらったらそれなりの礼はつくしましょう。

表書きの実例　日常の交際

粗品　粗品

ちょっとした贈物、ささやかなお礼の品物に使う。

粗菓　粗菓

和菓子などを手みやげに届ける際に使う。

松の葉　松の葉

公式の席へ出席してもらう挨拶の品物に使う。

いも　いも

女性から目下の人へ贈るお礼の品物に使う。

月謝

束脩（そくしゅう）

入門料（にゅうもんりょう）

月謝（げっしゃ）

謝礼（しゃれい）

月ごとに出す謝礼が月謝です。お茶、お花、踊り、裁縫、ピアノ、ギター、バレーなどのお稽古事、柔道、剣道などの武道の道場への礼金、また学習塾、珠算塾、家庭教師などへの月々の礼金と種類はさまざまです。

「謝」には、挨拶やありがたく思う心をあらわす意味があります。市販の印刷されたものも多くありますが、できるだけ真心をこめて表書きしたいものです。のし袋がない場合には、白封筒に「月謝」と書いてもかまいません。

また、特別の指導を受けたような場合に、月謝とは別にお渡しする「束脩」、はじめて指導を受ける際の「入門料」など、必要に応じて使います。

ことさら大げさにしないこと。

表書きの実例　# 日常の交際

束脩　束脩

特別な稽古をつけてもらったときに包むお礼のお金に使う。

入門料　入門料

稽古事への入門に際して師匠に包むお金に使う。

月謝　月謝

稽古事などで毎月支払うお礼のお金に使う。

謝礼　謝礼

発表会などで師匠に世話をかけた場合のお礼に使う。

揮毫

筆墨料（ひつぼくりょう）
揮毫料（きごうりょう）
改名料（かいめいりょう）
命名料（めいめいりょう）

書や絵画を依頼し、そのお礼金を支払うときに使うのが、「筆墨料」、「揮毫料」です。現在あまり使われなくなっているので、差し上げるときは、先方の年齢も考慮した上で使った方がよいでしょう。

「改名料」は、姓名判断の専門家などに名前を改めてもらったときに使います。例え少額でも正式の包み方をしましょう。

「命名料」は、姓名判断の専門家や、著名人、識者などに、子供の名前をつけてもらったときに使いますが、紅白蝶結びの水引きを正式にかけます。

この他、個人以外の会社や団体、商品の名前などをつけてもらったときのお礼に使う、「撰名料」という言葉もありますが、あまり使われなくなりました。

表書きの実例　

日常の交際

筆墨料

書画を依頼したお礼のお金に使う。

揮毫料

書を依頼したお礼のお金に使う。

改名料

名前を改める際のお礼のお金に使う。

命名料

名前をつけてもらったお礼のお金に使う。

筆墨料

揮毫料

改名料

命名料

原稿

原稿料（げんこうりょう）

執筆料（しっぴつりょう）

出演料（しゅつえんりょう）

講演料（こうえんりょう）

原稿を書いてもらったときに使う「原稿料」、同じく書、絵画も含めて筆を執ってもらったときに使う「執筆料」は、それぞれ白封筒に「原稿料」、「執筆料」と表書きします。一般に当方の氏名は不要です。

現在では、著作権制度が確立しており、出版社から直接銀行振込で支払われることが多くなっています。「原稿料」、「執筆料」とも事前に打ち合わせて金額を決めておくことが大事です。

「出演料」は何かの催事への出演のお礼に、「講演料」はその名の通り講演のお礼に使いますが、白封筒に表書きして、本人に直接手渡すようにします。本来のお礼金の他に、その土地の名産品を添えてみるのも喜ばれるものです。

日常の交際

原稿料

原稿を書いてもらったお礼のお金に使う。

執筆料

原稿依頼の際に渡すお金に使う。

出演料

出演のお礼のお金に使う。

講演料

講演をしてもらったお礼のお金に使う。

原稿料

執筆料

出演料

講演料

展覧会Ⅰ

入賞（にゅうしょう）
金賞（きんしょう）
銀賞（ぎんしょう）
努力賞（どりょくしょう）

絵画、書道などの展覧会、音楽コンクール雑誌の懸賞小説の募集などの表彰に、各種の賞はつきものです。

「入賞」は一定の水準以上に達したものに与えられる、最も一般的なものです。最高のもの、あるいは第一位の成績のものに贈られるのが「金賞」で、美術、音楽などの芸術関係でよく使われます。第二位、準優勝に相当するものが、「銀賞」です。

また、金賞、銀賞ほどではないにしても、努力を重ねてある一定水準に達したものには、その努力をたたえて「努力賞」を贈ります。

いずれもその賞により、水引きやのしのかけ方に多少の差をつけますが、あまり大きな差をつけるのは感心しません。

日常の交際

入賞

一定の水準の作品に贈る賞。

金賞

第一位の作品に贈る賞。

銀賞

第二位の作品に贈る賞。

努力賞

努力を重ねて成果のあった作品に贈る賞。

入賞

金賞

銀賞

努力賞

展覧会Ⅱ

推薦（すいせん）

特選（とくせん）

秀逸（しゅういつ）

佳作（かさく）

展覧会、作品展などの催事で、順位をあらわす賞には、いろいろなものがあります。先にあげた「入賞」「金賞」「銀賞」はポピュラーなもので、場合によっては、複数の受賞者がいます。そのほかの賞としては、「推薦」「特選」「特賞」などが、特に優秀な作品に贈られます。「特選」は美術展などで、よく使われている賞です。

「秀逸」には、他のものと比べて抜きんでて秀れているという意味があり、短歌・俳句などの選考で、高い評価のものに贈られます。

「佳作」は、第一級ではないけれども秀れた作品、入賞に準ずるものに贈られる賞で、新聞や雑誌が募集する小説や、論文作品に使われます。

日常の交際

推薦

催事での優秀な作品に贈る賞。

特選

催事での優秀な作品に贈る賞。

秀逸

特に短歌、俳句などの選考で高い評価のものに贈る賞。

佳作

第一級ではないが、すぐれた作品に贈る賞。

推薦

特選

秀逸

佳作

競技会Ⅰ

賞（しょう）
参加賞（さんかしょう）
敢闘賞（かんとうしょう）
特別賞（とくべつしょう）

「賞」という字の語源は、くわえるという意味の「尚」に、「貝」の字が結びついたもので、ほうびに与える貝のことをいったものです。

賞には大きなものから小さなものまでいろいろあります。大きなものでは文化勲章、芸術院賞、芥川賞など。外国にもノーベル賞、レーニン賞、アカデミー賞などがあります。そして小さなものでは小学校の運動会の一等賞、二等賞まで本当に様々です。

身近な人が何か賞を受けたときには、お祝いに出向くか、電話をかけるなり、祝電を打つなりします。

形式ばらないいろいろな催しごとでは、ユーモアのセンスあふれる楽しい趣向の賞をたくさん作ってみるのも面白いでしょう。

日常の交際

賞

一定の水準を越えたものに贈る品物に使う。

参加賞

催事への参加者全員へ贈る品物に使う。

敢闘賞

期待された以上に頑張った人へ贈る品物に使う。

特別賞

特に活躍の目立った人へ贈る品物に使う。

賞

参加賞

敢闘賞

特別賞

競技会II

優勝（ゆうしょう）

準優勝（じゅんゆうしょう）

一等賞（いっとうしょう）

殊勲賞（しゅくんしょう）

優勝は、その競技の中で、最高の成績をあげ、最後まで勝ち抜いた個人、団体に与えられる賞です。「優勝」と表書きし、最高の賞ですから紅白蝶結びにのしをつけて威厳をもたせましょう。

優勝した個人、団体の次の成績をあげたものに与えるのは準優勝です。決勝戦までいき、惜しくも敗れたという場合が多いので、優勝と同格に取り扱いたいものです。

スポーツ関係の競技会では、優勝と同じ意味で、「一等賞」とすることも多くあります。以下「二等賞」、「三等賞」と続き、六位までが入賞となります。この他に、入賞は逸しても、目立った活躍をした人に贈るのが「殊勲賞」です。

優勝

優勝

決勝で勝った団体、個人へ贈る賞。

準優勝

準優勝

決勝で負けた団体、個人へ贈る賞。

一等賞

一等賞

競技会、コンクールなどで一等の者に与えられる賞。

殊勲賞

殊勲賞

入賞はしなくとも、活躍が目立った人に贈る賞。

功労

功労賞（こうろうしょう）
金一封（きんいっぷう）
記念品（きねんひん）
精勤賞（せいきんしょう）

例えば会社の業績を向上させたり、団体の発展に貢献した人などに贈るのが「功労賞」です。大きなものでは国が文化功労者に与える賞がありますが、どちらかといえば、社会福祉や社会的事業などに地道な活躍をしてきた人に与えられる色彩がこいものです。

会社や事業所ではその創立記念日に功労者を表彰したりします。賞を贈るときには、一緒に「金一封」として現金を贈ったり、「記念品」として品物を贈ることが多くあるようです。

同じように地道な努力をたたえるものに、「精勤賞」があります。これは休まず学業や勤務に励んだことや、精力的に自分の職務を果たした人に贈られる賞で、さらに励ましになるよう贈ります。

表書きの実例　日常の交際

功労賞

功労賞

特に長く功労のあったことをたたえ、感謝して贈る賞。

金一封

金一封

感謝状、表彰状に添えて贈るお金に使う。

記念品

記念品

感謝状、表彰状に添えて贈る品物、何かを記念して贈る品物に使う。

精勤賞

精勤賞

学業や仕事を休まず怠けずよく励んだ人に贈る賞。

栄転

御栄転御祝（ごえいてんおいわい）

祝御昇進（ごしょうしんをしゅくす）

御餞別（おせんべつ）

御贐（おんはなむけ）

先輩、友人、職場の同僚など、サラリーマンにとって転任はつきものです。たとえ昇進でなくとも、栄転と考えて送り出すのがマナーです。栄転を知ったら、なるべく早くお祝いをいうようにしましょう。

お祝いの方法は、職場の場合はその慣習に従います。皆で相談して送別会を開くのもよいでしょう。

「御餞別」は、送別会の席や、別れのまぎわに金品をお渡しするときに使います。

贈る品物は、記念に残るようなものを選びますが、最近は海外勤務につく方も多く、荷物にならない現金の方が喜ばれる場合もあります。

お返しは不要ですが、移転先に落ち着き次第、礼状を出します。

表書きの実例

日常の交際

御栄転御祝

他地へ栄転する同僚、上司へのお祝いに使う。

祝御昇進

役職が上がった同僚、上司へのお祝いに使う。

御餞別

転勤、転居など別れを惜しんで贈る金品に使う。

御贐

御餞別と同じ。花嫁へのお祝いにも使う。

御栄転御祝

祝御昇進

御餞別

御贐

新築

祝御上棟（ごじょうとうをしゅくす）

御新築祝（ごしんちくいわい）

落成御祝（らくせいおいわい）

落慶記念（らくけいきねん）

家の新築は、一生のうち何度もないことですから、心からお祝いをしてあげたいものです。

贈る品物は、家の造りによって異なりますし、すぐに必要なものもあるでしょうから、先方に希望をきいた方が無難です。ワゴン、テーブル、時計類などが一般的ですが、最近は、現金、商品券を贈る人も増えています。

避けなければいけないのは、電気ごたつ、ストーブ、ガステーブルなど、火に関するものです。新築祝いに招かれた場合も、火に関することと、方位のことには触れないようにします。

表書きは「御新築祝」とし、お金は中包みにして、紅白蝶結びの水引きにのしをつけます。

表書きの実例

日常の交際

祝御上棟

新家屋の上棟式に招かれたお祝いに使う。

御新築祝

家屋の新築の完成祝いに使う。

落成御祝

ビルの落成式などに招かれたお祝いに使う。

落慶記念

神社・仏閣の新築の完成祝いに使う。

祝御上棟

御新築祝

落成御祝

落慶記念

開店

祝御開店（ごかいてんをいわう）

祝御開業（ごかいぎょうをいわう）

祈御発展（ごはってんをいのる）

御祝儀（ごしゅうぎ）

新築祝いと同様、贈る品物は火に関するものを避け、予算を先方に伝えて希望をきくのがよいでしょう。これは、お店の雰囲気に合ったものを選ぶということにつながります。お店の発展を祈る縁起もの——花輪、くす玉、額、招き猫など——も、喜ばれるでしょう。開店日か、それ以前に届けるようにします。

開店当日には、鉢植えや花、食品を扱う店でなければ、集まる人のための、菓子、酒類なども気がきいています。

もし、開店当日を過ぎてしまった場合は、「祈御発展」と表書きをして、贈るようにします。また、開店後に、客として、正規の料金のほかに渡す祝い金には、「御祝儀」を使います。

表書きの実例

日常の交際

祝御開店

新規開店に縁起ものを贈る際などに使う。

祝御開業

新しく事業を始めた人へのお祝いに使う。

祈御発展

新規開店や新しく発足した会などの発展を祝う際に使う。

御祝儀

従業員への心づけに使う。

祝御開店

祝御開業

祈御発展

御祝儀

祝儀

御祝（おいわい）

祝御入選（ごにゅうせんいわい）

祝御当選（ごとうせんいわい）

祝御昇段（ごしょうだんいわい）

入選、当選、優勝などの機会に、祝儀を贈ることも多いと思います。

気をつけたいのは、展覧会などの入選、選挙の当選、競技会、運動会の入賞・優勝と、それぞれ性質が違い、しかもそれぞれにランクがあることです。その展覧会なり、競技会の性質をよく調べて、先方に失礼のないようにしなければなりません。

入選や当選の知らせを聞いたら、まず電話や電報でお祝いの気持ちを伝えておくことも忘れないで下さい。

表書きは、「御祝」が一般的です。そのほか、場合によって「祝御入選」「祝御当選」「祝御昇段」などを使います。若い方には激励の言葉を添えてあげましょう。なお、当選祝いは、その日のうちに届けるのが原則です。

表書きの実例

日常の交際

御祝

祝事で相手の負担にならぬよう贈る金品に使う。

御祝

祝御入選

コンクールなどの入選を祝う際に使う。

祝御入選

祝御当選

選挙などでの当選を祝う際に使う。

祝御当選

祝御昇段

段位のある稽古事、囲碁、将棋などの昇段を祝う際に使う。

祝御昇段

招待

御招待（ごしょうたい）

御礼（おんれい）

薄謝（はくしゃ）

御祝儀（ごしゅうぎ）

演奏会、発表会などの公演、開店記念などの催事に来ていただきたい方に、入場券や切符などを「御招待」として贈ります。

招待を受けて、出席する際、相手の負担にならないようなお礼をするとよいでしょう。公演の出演者からの招待ならば、花束やお菓子など、他の人も一緒に楽しめるようなものが適します。

招待状は、二十日前くらいには先方に届くように発送しましょう。また、出欠の確認が心要なときには、できるだけ早く返事を出し、出席できない場合などは、特に一言、言葉を添えるようにします。返信用葉書の宛名の「行」を「様」に直し、「御出席」「御芳名」の「御」「御芳」を消すのを、忘れないようにして下さい。

表書きの実例

日常の交際

御招待

御招待

いろいろな催事に招待する人に贈る入場券、切符に使う。

御礼

御礼

お礼を相手に負担にならないように贈る際に使う。

薄謝

薄謝

御礼と同様に、大げさでないお礼に使う。

御祝儀

御祝儀

お祝いの気持ちをこめ、喜びをわかちあいたい相手に贈るお金に。

綬章

祝紺綬褒章（しゅくこんじゅほうしょう）

褒章記念（ほうしょうきねん）

褒章御祝（ほうしょうおいわい）

受章記念（じゅしょうきねん）

褒章とは、学問・文化・産業などの面で、立派な行いや業績のあった人に授与される栄典・制度のことです。明治十四年に始まり、現在、紅綬・緑綬・藍綬・紺綬・黄綬・紫綬の六種類があります。公共の仕事に長年にわたって精勤した人に与えられる「藍綬褒章」、学問、芸術の面で、業績をあげた人に与えられる「紫綬褒章」などが、主なものです。

褒章は、推薦による受章という制度になっており、社会的に名誉のあるものですから、お金よりも品物の方がよいでしょう。表書きは「祝○綬褒章」とし、紅白金銀蝶結びの水引きにのしをつけます。

「受章記念」などは、褒章を受けた人が、それまで世話になった方に、受章を記念してさしあげるものやお返しにも使います。

日常の交際

祝紺綬褒章

紺受褒章を受けた人への金品のお祝いに使う。

褒章記念

受章した人へ贈る品物に使う。

褒章御祝

受章した人へ団体から贈るお金に使う。

受章記念

褒章を受けた人へ団体から贈る品物に使う。

祝紺綬褒章

褒章記念

褒章御祝

受章記念

叙勲

祝勲◯等受章
賀勲◯等受章
叙勲記念（じょくんきねん）
叙勲御祝（じょくんおいわい）

わが国の叙勲には「菊花章」、「旭日章」、「宝冠章」、「瑞宝章」があり、それぞれ勲◯等とよばれる等級がつけられています。

「菊花章」はわが国の最高勲章である「大勲位菊花頸飾」と「大勲位菊花大綬章」の総称です。「旭日章」は明治八年に制定され、国政に貢献した男子に与えられます。女子に与えられるものとしては、「宝冠章」が明治二十一年に制定され、同じ年に、社会、公共のために功労のあった人に授与される「瑞宝章」も制定されています。

「文化勲章」は昭和十二年に制定された、文化の創造的発展に貢献した人に与えられる章です。

大変に名誉なことなので、お祝いも正式な方法で、心からの言葉を添えて手渡します。

表書きの実例

日常の交際

祝勲　等受章

叙勲を受けた人へ、お祝いの金品を贈る場合に使う。

祝勲　等受章

賀勲　等受章

叙勲を受けた人へ、お祝いの品物を贈る場合に使う。

賀勲　等受章

叙勲記念

叙勲を受けた人へ、団体から品物を贈る場合に使う。

叙勲記念

叙勲御祝

叙勲を受けた人へ、団体からお金を贈る場合に使う。

叙勲御祝

父母会
文化部
有志
一同

組合
生徒
社員
親睦会

よく使われる言葉

協会

兄弟

親族

姉妹

様

殿

御手富貴

受付

挨拶状編

挨拶状を書く前に

日常生活の中で、年賀状、時候見舞い、お礼やお祝い、お悔やみなどの挨拶状を書く機会は少なくありません。一枚の挨拶状が相手と自分を結ぶかけ橋となり、よい人間関係を作るのに大きな役割を果たしてくれます。おっくうがらずに書きましょう。

はがきを活用する

多忙な現代生活では、あまり儀礼ばらないお礼やお祝い、各種の答礼や返信などは、はがきで十分に目的を果たすことができます。書くほうも読むほうも手軽に事が運ぶのが、はがきの最大の利点です。ただし、はがきの文面は、第三者の目にも触れやすいので、相手に迷惑がかかったり、恥をかかせたりすることのないよう注意しなければなりません。

タイミングを大切に

お祝い、お見舞い、お悔やみなどは、タイミングがよければごく簡略な文面でも効果は十分あります。

返信が必要なときも、時機を失するとおわびのことばに苦労することになります。

日ごろから心がける

改った関係の相手への手紙は、その用件や挨拶に慣用されている語句を知っていたり、基礎的な手紙の形式を心得ていると、書くのが楽です。儀礼的な挨拶状には、むりに個性や独創性を盛りこむ必要はありませんが、親しい人に出す場合には、四季の風物や日常生活の中から感じたことなどをひとこと書き添えることで親近感を持たれます。

筆記用具と書体

筆記用具

昔は、吉凶など儀礼の手紙には毛筆が要求されましたが、現在はあらゆる場合、毛筆でもペン書きでもかまいません。ただし、ペン書きの場合のインクの色は黒か青に限ります。

ボールペンは、まだ事務用筆記具の感が強いので、改った挨拶状には避けたほうが無難です。

筆ペンや極細のサインペンは、インクと同様に考えてよいでしょう。

鉛筆は、子どもか非常災害時以外は使いません。

書体

書体には、楷書体、行書体、草書体の三つがあります。

楷書体

楷書

活字によく似た書き方で、点画を略したり続けたりしないで書くものです。改った慶弔の場合や、目上の人への挨拶状には楷書体を使います。

行書体

行書

楷書体の書き方を少しくずした書体です。

草書体

草書

書体をくずして速くなめらかに書けるようにしたものです。

宛名の書き方

住所氏名は、なるべく崩さずにはっきりと書きます。

住所　表面の右端に、郵便番号の下を一字分あけて書き始め、二行にわたるときは、二行目は一行目より一、二字下げてやや小さめに書きます。「○○様方」「○○荘内」などは行を改めて、住所より一字下げて書きます。

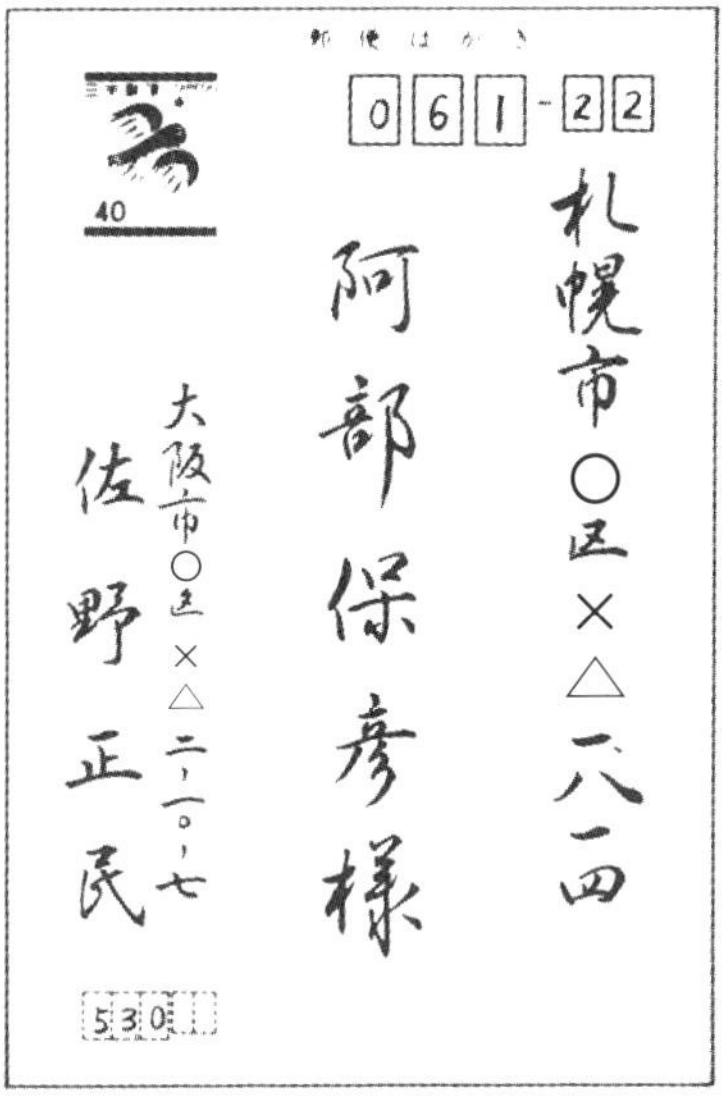

宛名　葉書の中央に、住所より一字分位下げて、住所の字より少し大きめに書きます。はがきには、わき付けは書きません。

差出人の住所氏名　切手の下にはいるように小さめの字で書きます。裏面の通信文が短いときには、差出人の住所氏名を通信文のあとに書いてもかまいません。

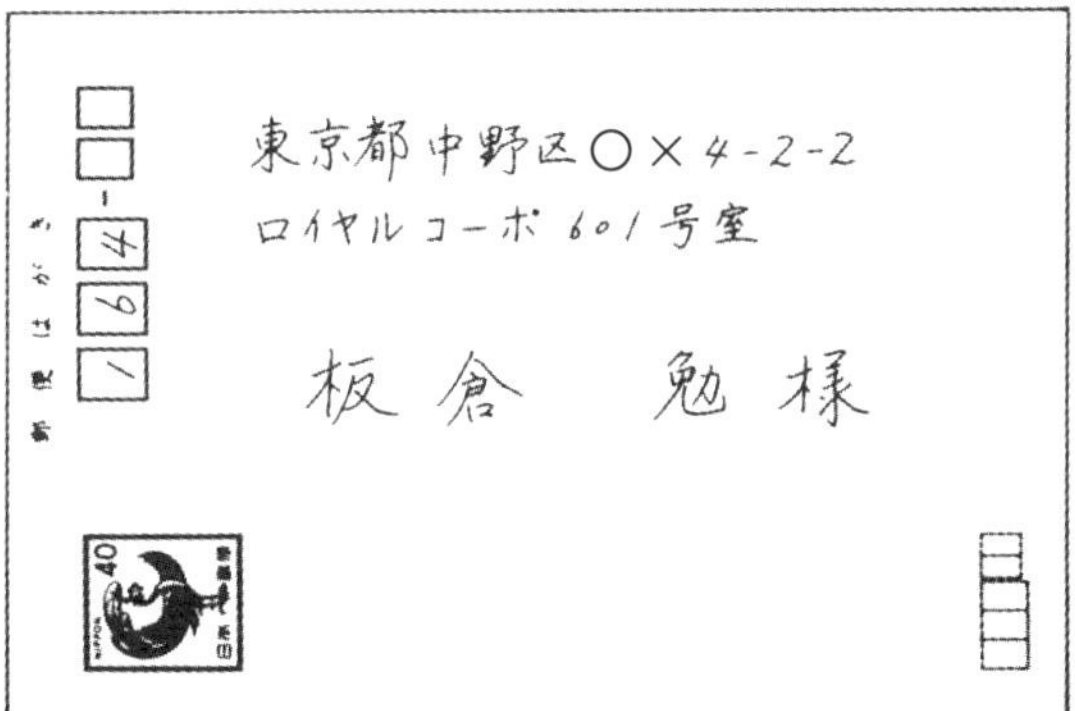

宛名を横書にした場合

通信文の書き方

❶通信文は、上下を一・五センチ、左右を一センチ程度あけて書きます。

用件が多いからといって、小さい字でびっしり書いたのでは読みにくいものです。最大限一行二十字ぐらいで十一、二行程度にとどめます。

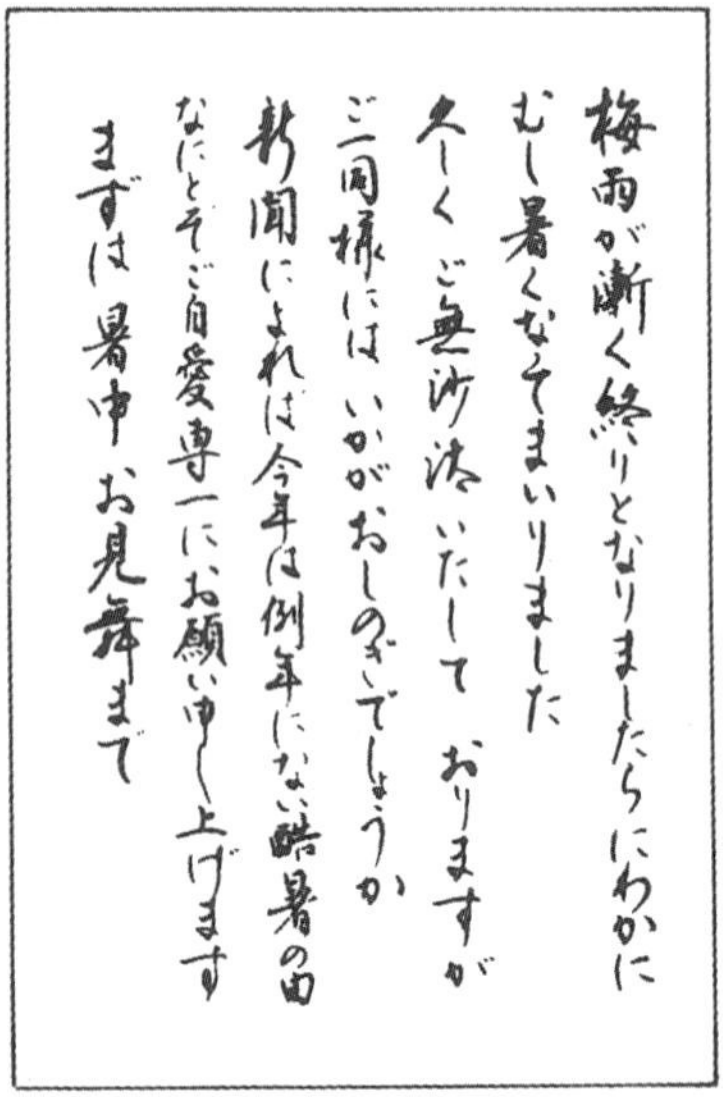
梅雨が漸く終りとなりましたらにわかに
むし暑くなってまいりました
久しくご無沙汰いたしておりますが
ご同様にはいかがおしのぎでしょうか
新聞によれば今年は例年にない酷暑の由
なにとぞご自愛専一にお願い申し上げます
まずは暑中お見舞まで

はがきは本来、簡略化された通信用に用いるためにつくられたものですから、時と場合によっては、前文や末文を省略して本文だけでも失礼にはなりません。

❷通信文を書いてよい場所ならどこにでも一か所だけ、懸賞応募のシールや収入印紙、写真など三センチ×三センチ以内の紙片に限ってはりつけることができます。

❸はがきの表面の下半分には、はっきり横線を引いて宛名と区別すれば、通信文を書くことが許されています。ただし、記念スタンプや通信文が上半分にかかると追加料金を請求されることになりますから注意しましょう。

絵はがきと私製はがき

絵はがきで暑中見舞いや旅のたよりを出すことは、相手が目上の人であっても失礼にはなりません。旅先からのはがきにも差出人の住所を入れておくと、配達不能のとき手元に戻るし、先方が返事を書くときにも便利です。

絵はがきは、通信欄が表の下半分しかありませんから、簡潔で要領よく書くことが必要です。

私製はがきの注意点 私製はがきには、次のような規定があります。

重量は二〜六グラム、大きさは最大十五センチ×一〇・七センチ以内〜最小十四センチ×九センチ以上、色は官製はがきよりも淡い色。ただし裏面には彩色してあってもかまいません。また、六グラムを越えなければ裏面に写真、紙片、織物、樹皮など薄いものならはりつけてもよいことになっています。

表面の上部、または中央左がわに「郵便はがき」と明記します。

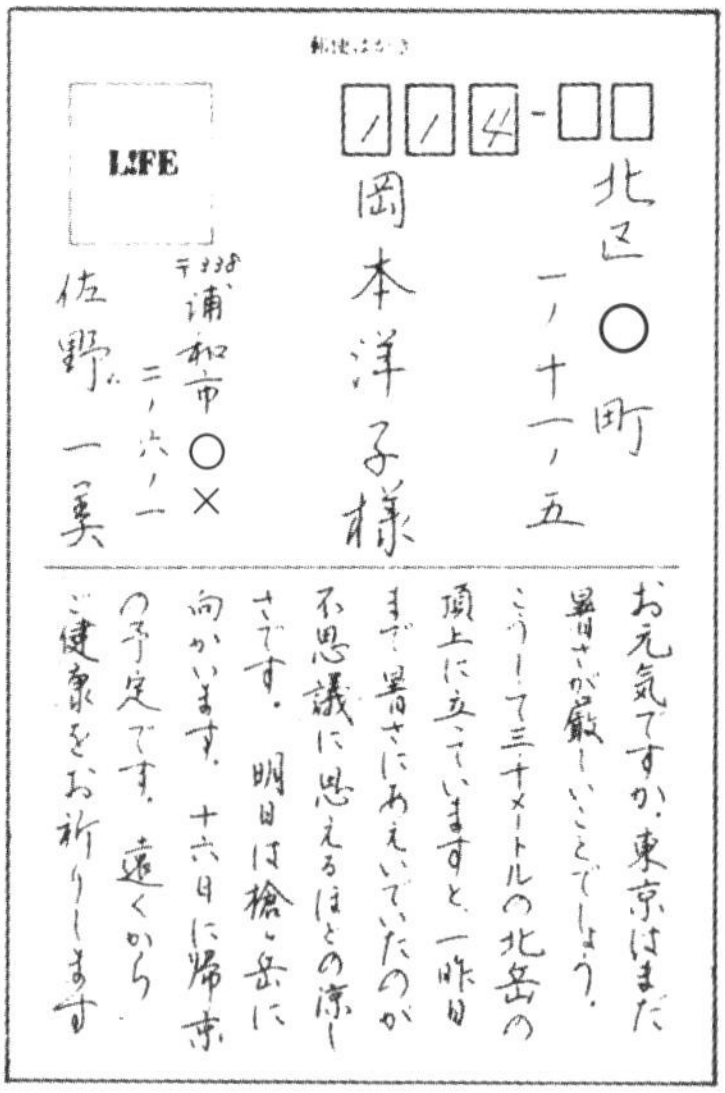

敬称の使い方

敬称は、宛名の下に書いて敬意を表わす言葉です。相手によって使いわけますが「様」は最も一般的で広く使われています。

- 一般用……様、殿（普通目下あて）
- 公用・事務用……殿
- 恩師あて……先生
- 先輩あて……学兄、大兄、老兄
- 官庁会社団体……御中、各位、殿
- 多人数の場合……各位

自称・他称の使い方

	父	母	夫	妻
自分の呼び方	私、わたし、おれ、自分、父、父さん、お父様、パパ、わし	私、わたし、自分、母、母さん、お母《かあ》さん、ママ	私、わたし、僕、自分、小生《しょうせい》、我輩《わがはい》	私、わたし、わたくし
相手の呼び方	父さん、お父さん、お父様、父上、お父上、お父上様、パパ	母さん、お母さん、お母様、母上、お母上、お母上様、ママ	あなた、あなた様、○○（名）様	お前、君、あなた、○○（名）
自分の関係者の呼び方	父、わたくしの父、おやじ、実父、愚父、老父、亡父、先代	母、わたくしの母、おふくろ、愚母、老母、慈母、亡母	夫、主人、○○（姓か名）、宅、亭主	妻、家内、愚妻、老妻、女房、○○（名）
相手の関係者の呼び方	お父様、お父上様、父君、ご尊父様、ご賢父様、ご亡父様	お母様、お母上様、お母君、ご母堂様、ご賢母様、ご亡母様	ご主人（様）、旦那様、ご夫君、○○様	奥さん、奥様、ご夫人、ご令室、令夫人

両親	祖父母	叔父母	孫	男児
私たち、わたしたち、われわれ、父母、両親、両人、自分たち	私、わたし、わし、自分、おれ、祖父、祖母、じじ、ばば	私、わたし、自分、僕、おじ、おば	私、僕、わたし、わたくし、○○（名）	私、わたし、僕、小生、自分、○○（名）
ご両親様、ご父母様、お二方《ふたかた》様、ご両所様	御祖父（母）様、おじいさん（さま）、おばあさん（さま）	おじ（おば）さん、おじ（おば）様、おじ（おば）上様	お前《まえ》、あなた、そこもと、○○（名）	お前、君《きみ》、あなた、お前様、○○（名）
両親、父母、老父母、老人たち、年寄りども	祖父、祖母、祖父母、老人、年寄、亡祖父、亡祖母	おじ、おば、○○（姓）おじ、○○（姓）おば	孫、拙孫《せっそん》、孫男、孫女、○○（名）	むすこ、せがれ、子ども、長男、次男、愚息、○○（名）
ご両親様、お二方様、ご双親様	御祖父（母）様、祖父（母）君、御隠居様	おじ（おば）様、御おじ（おば）様、おじ（おば）上様	お孫様、ご令孫、ご孫男様、ご孫女様	お子様、坊ちゃま、ご令息様、ご子息様、○○（名）様

先生	家族	姉	兄	女児
私、僕、小生、自分、老生、愚生、迂生、わたし	私たち、わたしたち、われわれ、一同	私、わたし、わたくし、ねえさん、姉	私、わたし、僕、自分、小生、にいさん	私、わたし、わたくし、○○（名）
先生、お師匠様	みんな、皆《みな》さん、皆様	姉上、姉上様、お姉上様、ねえさん、お姉さん、お姉様	兄上、兄上様、にいさん、お兄さん、お兄様	お前、あなた、お前様、そこもと、○○
○○（姓）先生、師、師匠、恩師、旧師、○○（姓）師	家族一同、家内一同、私ども、一同、家中	姉、長姉、次姉、三姉、義姉、○○(名)	兄、長兄、次兄、愚兄、兄貴、○○(名)、義兄	娘、長女、次女、愚娘、拙女、子ども、○○（名）、亡女
○○（姓）先生、師、師匠、ご恩師様、お師匠様	ご一同様、ご家族様、ご一統様、ご一家	おねえさん、お姉様、姉君、お姉上様、ご令姉様、○○(名)姉	おにいさん、お兄様、兄君、お兄上様、ご令兄様、○○(名)様	お子様、お嬢《じょう》ちゃん、お嬢様、ご令嬢様、ご息女様

忌《い》みことば

むかしから、吉凶ともに、使うとエチケットに反する「忌《い》みことば」というものがあります。最近では、たんなる縁起かつぎにすぎないとして問題にしない人もいます。しかし、形式ばった場合や、老人に対する場合などには世間の習慣にしたがって、なるべく避けたほうがよいでしょう。

なお、忌みことばには、言い替えることばのあるものと、言い替えることばのないものと二種類あります。

慶事の忌みことば

❶離婚を連想させることば……去る、別れる、出る、戻る、追う、返す、帰す、切る、離れる、折り返し、終わる、割れる、こわれる、破れる、きらう、冷える、浅い、薄い、滅びる、去年、返却、別々、思い切る、追って、追伸…など。

❷重ねことばと繰り返しの意味をもつことば……いよいよ、重ね重ね、かえすがえす、くれぐれも、なお、しばしば、たびたび、またまた、重々、かさねて、再度、再三…など。

❸その他……乱筆、困る、心配、苦労、厄《やっ》介《かい》、病気、死、逝《ゆ》く、衰える、枯れる、倒れる、焼ける、火、煙、つぶれる、失う…など。

凶事の忌みことば

お悔やみの場合の忌みことばは、一生に一度の死ですから、やはりくり返すとか追いかけるとか、一般に不吉なことばとされているものは避けるようにします。

病気や地震、火事、洪水《こうずい》などの被害も二度と受けてはならないものですから、重なるとか、再三などの重ねことばは忌みことばとして避けるべきです。

挨拶状の実例
毛筆とペン書き見本

毛筆とペン書きと二通りの見本を載せてあります。必要なほうを選んでください。

偶数ページには、それぞれの挨拶状を書くときのポイントと文例が載せてあります。文例は楷書体と行草書体で書いてあります。

奇数ページには、実物大の実例見本を載せてあります。文章は一般的な内容にしてありますが、偶数ページの文例を組み合わせて個性的な文章を組み立てることもできます。文字は楷書体と行草書体で書いてあります。改った挨拶状の場合には、楷書体でていねいに書くようにします。

一月　睦月　太郎月　小寒

厳寒の候／新年を迎え／寒さも一段ときびしくなり／冬にはめずらしいうららかなお天気で／山々は新雪に輝き／大寒とは申しながら

二月　如月　早緑月　節分

春寒の候／立春とは暦の上のことで／余寒いまだ厳しく／梅のつぼみもまだかたく／どことなく春の気配がただよう頃となりました。

三月　弥生　春惜月　啓蟄

早春の候／春寒ややゆるみ／急に春めいてまいりました／ひと雨ごとに春めいて／暑さ寒さも彼岸までと申します／静かに降る春雨に

睦《む》月《つき》	大《だい》寒《かん》	如月《きさらぎ》	立《りっ》春《しゅん》	弥《やよ》生《い》	春《しゅん》分《ぶん》
睦月	大寒	如月	立春	弥生	春分

時候の挨拶

新聞の報道によれば、今年の
寒さは例年に無いとのことです
ビルの谷間を吹きぬける
木枯しが冷たく肌をさします
凍てつくような冬の月が
冴えて明日も晴天に
なりそうです
立春も間近かとはいえ
ひとしお、寒さ厳しい
季節です
この寒さももう少しの
しんぼうです

日だまりには青い芽が
見えはじめました
春寒、やゝ緩んでいくらか
凌ぎよくなりました
一雨、一雨ごとに春めいて
まいりました
山峡の村にもやっと春の
足音が聞こえてきました
もうすぐ花の便りも
聞かれることでしょう

四月　卯月　花残月　穀雨

陽春の候／しきりに花便りの聞かれる頃／日ざしが急に濃くなりました／春眠暁を覚えずと申しますが／菜の花畑に蝶が舞いあそび

五月　皐月　早月　八十八夜

新緑の候／うっすらと汗ばむこのごろ／今日の日ざしはすっかり夏です／さつきやつつじの花も見ごろ／若葉に風かおるころとなり

六月　水無月　芒種　夏至

梅雨の候／むし暑い日が続きます／雨にぬれた緑の色が美しく／長雨に心も滅入りがちです／早くも夏のように強い日が照りつけて

卯《う》月《ずき》	清《せい》明《めい》	皐《さ》月《つき》	立《りっ》夏《か》	水《み》無《な》月《づき》	入《にゅう》梅《ばい》
卯月	清明	皐月	立夏	水無月	入梅

春風駘蕩のよい季節となりました

心をはずませて待ちわびていた新学期です

昨日は思いがけず春雷に驚かされました

春もいつしか過ぎ初夏の日射しになりました

若葉の色あいがめっきり濃くなりました

晴れた五月の青空に鯉のぼりが勇ましく泳いでいます

雨にぬれた今日の若葉はいっそう新鮮な美しさです

田園の緑の中蛙のにぎにぎしい声がします

今日もまた長雨しとしとと降り続いています

連日の梅雨ですっかり湿気に悩まされております

七月　文月　半夏至　小暑

盛夏の候／天の川が美しい季節／急に暑さが加わって参りました／梅雨明けのむし暑さに閉口／蟬がいち早く夏をつげています。

八月　葉月　処暑　残暑

晩夏の候／残暑かえって厳しく／激しい雷雨の後の涼風に／ようやく暑さも峠を越したようです／夏休みも残り少なくなりました

九月　長月　夜長月　二百十日

初秋の候／残暑もようやくうすらいで／二百十日も無事すんで／こおろぎの鳴く音もさびしく／日ましに秋の深まりを感じます

文《ふみ》月《づき》	大《たい》暑《しょ》	葉《は》月《づき》	立《りっ》秋《しゅう》	長《なが》月《つき》	秋《しゅう》分《ぶん》
文月	大暑	葉月	立秋	長月	秋分

時候の挨拶

三伏の夏のことばどおりに
暑さ耐え難き候です

待ちかねた夏休みまで
もう一がんばりです

眠れぬほどの熱帯夜が
続いています

おばあちゃまも今日から
洋装になりました

待望の山頂の生活を
十分に味わっています

土用明けの暑さひとしお
強く海の恋しいこの頃です

空の色も澄んできて
秋の気配を感じます

二学期も始まってまた
朝の忙しい生活です

もくせいの香りに秋を
しみじみと感じております

猛暑もようやくうすらいで
夕暮の涼風はもう秋です

十月　神無月　時雨月　霜降

秋冷の候／うららかな秋晴れの候／樹々のこずえもすっかり色づいて／菊薫る秋／高空にうろこ雲が美しく／運動会の歓声もにぎやか

十一月　霜月　神楽月　小雪

晩秋の候／うららかな小春日和がつづきます／朝夕めっきり寒くなりました／めだって日足が短かくなり／けさ初霜がおりました

十二月　師走　極月　大雪

寒冷の候／寒さいよいよ厳しく／一年は夢のように過ぎて／歳末を迎えて心せわしいころ／この一年を回起してみますと感無量です

神《かん》無《な》月《づき》	寒《かん》露《ろ》	霜《しも》月《づき》	立《りっ》冬《とう》	師《し》走《わす》	冬《とう》至《じ》
神無月	寒露	霜月	立冬	師走	冬至

時候の挨拶

空澄みわたり名月も
間近かになりました

学ぶにも遊ぶにも
快適な季節となりました

渓流の音も冷え冷えと
して紅葉も見ごろです

いよいよ灯火親しむ
よい時候となりました

秋色さらに深くなり
冬仕度に心せかれる日々です

散り敷く落葉に冬の
訪れを感じさせられます

日増しに寒さが加わり
冬の厳しさが身にしみます

身の縮む思いの木枯しの
音がつづきます

早いものでもう本年も
残りわずかとなりました

迎春のご準備にご多忙
のことと存じます

中元の挨拶状

贈り物を自分で持参する場合は挨拶状はいりませんが、他人に託したり、鉄道、郵便、自動車便で送ったり、買い求めた店から直送させる場合には、品物と別に挨拶状を出します。このとき贈り物の品名、送った日付、輸送方法などを記しておくとよいでしょう。

中元は、七月十五日ですが、お中元としての贈品は七月にはいったら早いほうがよく、十三日のお盆の入り前に届くように贈るのが普通とされています。ただし、地方によっては旧盆や月遅れのお盆までに贈答するところもあります。

いよいよ ご清祥の段
慶賀に堪えません

日頃のお礼かたがたお中元の
ご挨拶申し上げます

別便にて粗菓一折
お送り申しあげました

○○を拝送いたしました
ご笑納下さいますよう

皆様で召し上がって
いただければ幸いです

中元の挨拶状

拝啓　急に暑さが加わってまいりましたが
皆様ご健勝のことと存じます。
日ごろは一方ならぬお世話になりまして厚く
お礼申し上げます
お中元と申すほどの品ではありませんが、一夕の
お暑さしのぎにでもと書留便に託し、粗品拝呈
いたしました。なにとぞご笑納下さいませ
この上ながら御一同様ご自愛専一に祈り
上げます
敬具

お中元の挨拶状には、お中元を贈る側の感謝の気持や挨拶のことばも忘れずに書くことが大切です。送品の方法も書いておくと親切です。

歳暮の挨拶状

遠方に住んでいてふだんご無沙汰がちの人に、お歳暮の贈品に添えて、一年間お世話になったお礼、年を送る感懐などをしたためて一年のけじめをつける挨拶状です。

他人からもらった品を贈るときには「到来ものですが」とことわりを書くのが礼儀ですし、贈られたほうでも「お裾分けの品」と書くようにします。

お歳暮に添える挨拶状に「押しつまり」と書くことが多いものですが、縁起をかつぐ商人などへ出す場合は、「つまる」という言葉をきらう人もいますから、「押しせまり」としたほうが無難です。

年の瀬もおしつまりいよいよ
ご多忙と拝察申し上げます
日頃はごぶさたばかりで
申しわけございません
お歳暮のしるしまでに
○○をお届け致させました
○○を感謝の気持ちとして
お送り申し上げました
年末のご挨拶をお受け
取りください

歳暮の挨拶状

拝啓　いよいよ日迫の節となりました。何かとご多忙の御事とお察し申し上げます。一度お伺いいたさねばと存じながら又、本年も暮れようとしております。来年こそはと、ざんげ〳〵であります。

お歳暮のおしるしまでに生鮭をお届けいたします。本場の本場物との触れ込みですが、どんなものでしょうか。ご笑味くださいますれば幸甚に存じます。

敬具

暮の挨拶は、誰もが忙しいときですから、簡潔に要領よく書くように心がけます。一年間お世話になったお礼のことばも書き添えます。

年賀状

元旦	元朝	一月一日
元旦	元朝	一月一日

書き方のポイント

●年賀状には、賀詞のほかには長々と書かないのが普通です。

相手に合わせて近況を知らせたり、病気の人にはお見舞いの言葉を書き添える程度にします。

●日付けは、年号と〝元旦〟または〝一月一日〟と書きます。

〝元旦〟は一月一日の朝のことですから一月元旦〟〝正月元旦〟という書き方はありません。

●表には相手の住所と宛名だけを書き、自分の住所氏名は裏面に書くのが普通です。

●印刷した年賀状の場合、署名を自筆にするか、余白にひとこと書き添えると親しみが感じられます。

毛筆年賀状

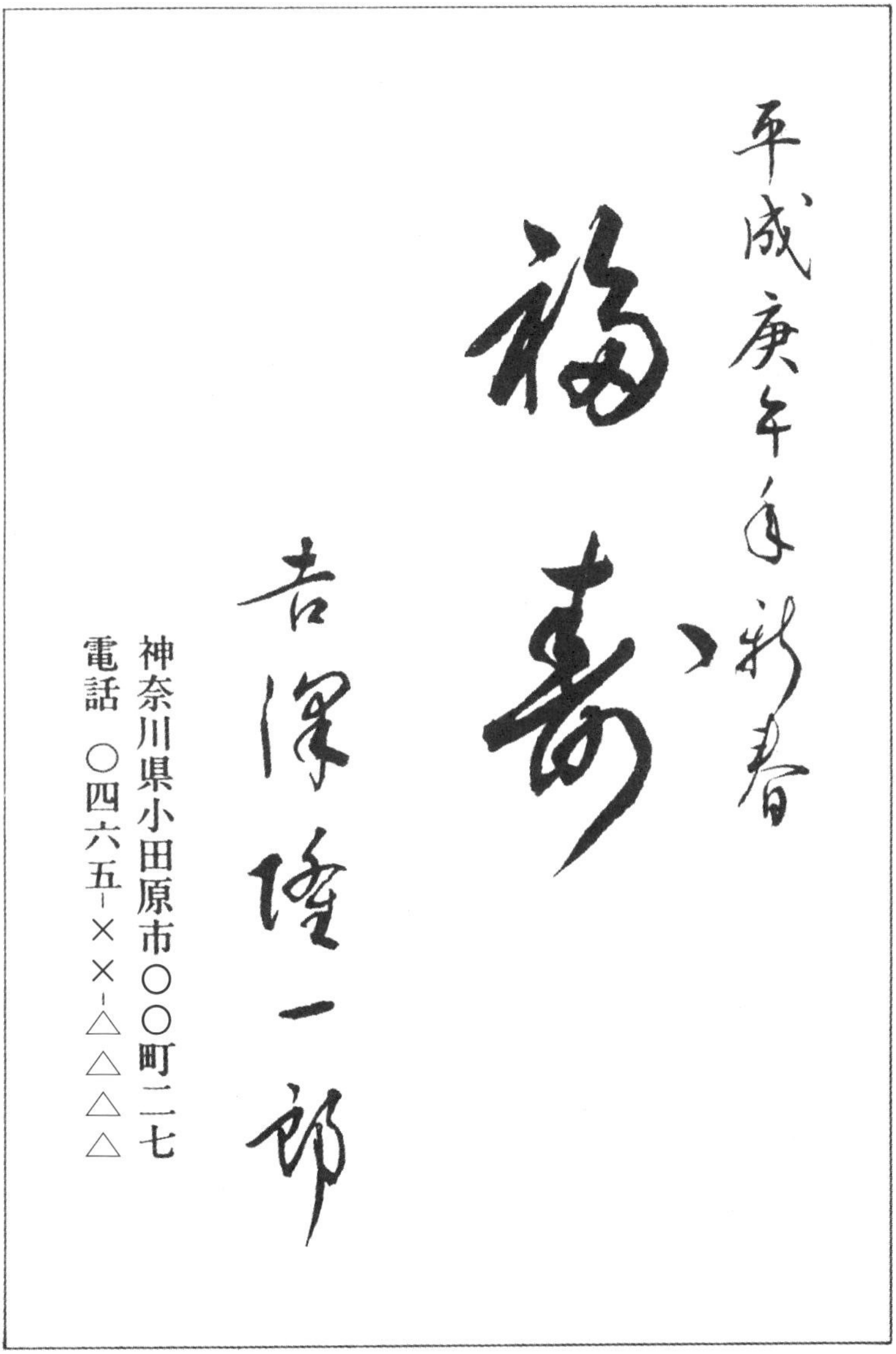
平成庚午年新春

福寿

吉澤隆一郎

神奈川県小田原市〇〇町二七
電話 〇四六五-××-△△△△

「福寿」と六十干支の年号がバランスよくまとまっています。毛筆では書きにくい住所と電話番号はゴム印を使いました。

賀正	福寿	献寿	春寿	恭頌
賀正	福寿	献寿	春寿	恭頌
賀正	福寿	献寿	春寿	恭頌
がしょう	ふくじゅ	けんじゅ	しゅんじゅ	きょうしょう

頌春

輝かしい新年を迎え
ご一同様のご健康とご多幸を
お祈り申し上げます

平成〇〇年元旦

中野区本町〇丁目△△－×
春山俊介

楷書でまとめ、全体に新年らしい折り目正しい雰囲気が出ています。
行頭の書き出しの位置に注意します。

賀春	賀春	賀春	がしゅん
迎春	迎春	迎春	げいしゅん
頌春	頌春	頌春	しょうしゅん
瑞春	瑞春	瑞春	ずいしゅん
壽春	壽春	壽春	じゅしゅん

迎春

貴家の御清栄を
お祈り申し上げます

二〇××年元旦

佐藤一郎

千代田区〇番町一丁目△－×

新しい年のはじめにふさわしい力強さとすがすがしさが伝わってきます。
文字の大きさとバランスに注意します。

謹《きん》賀《が》新《しん》年《ねん》	謹《きん》賀《が》新《しん》春《しゅん》	謹《きん》賀《が》新《しん》正《せい》	恭《きょう》賀《が》新《しん》年《ねん》	恭《きょう》賀《が》新《しん》春《しゅん》
謹賀新年	謹賀新春	謹賀新正	恭賀新年	恭賀新春
謹賀新年	謹賀新春	謹賀新正	恭賀新年	恭賀新春

毛筆年賀状

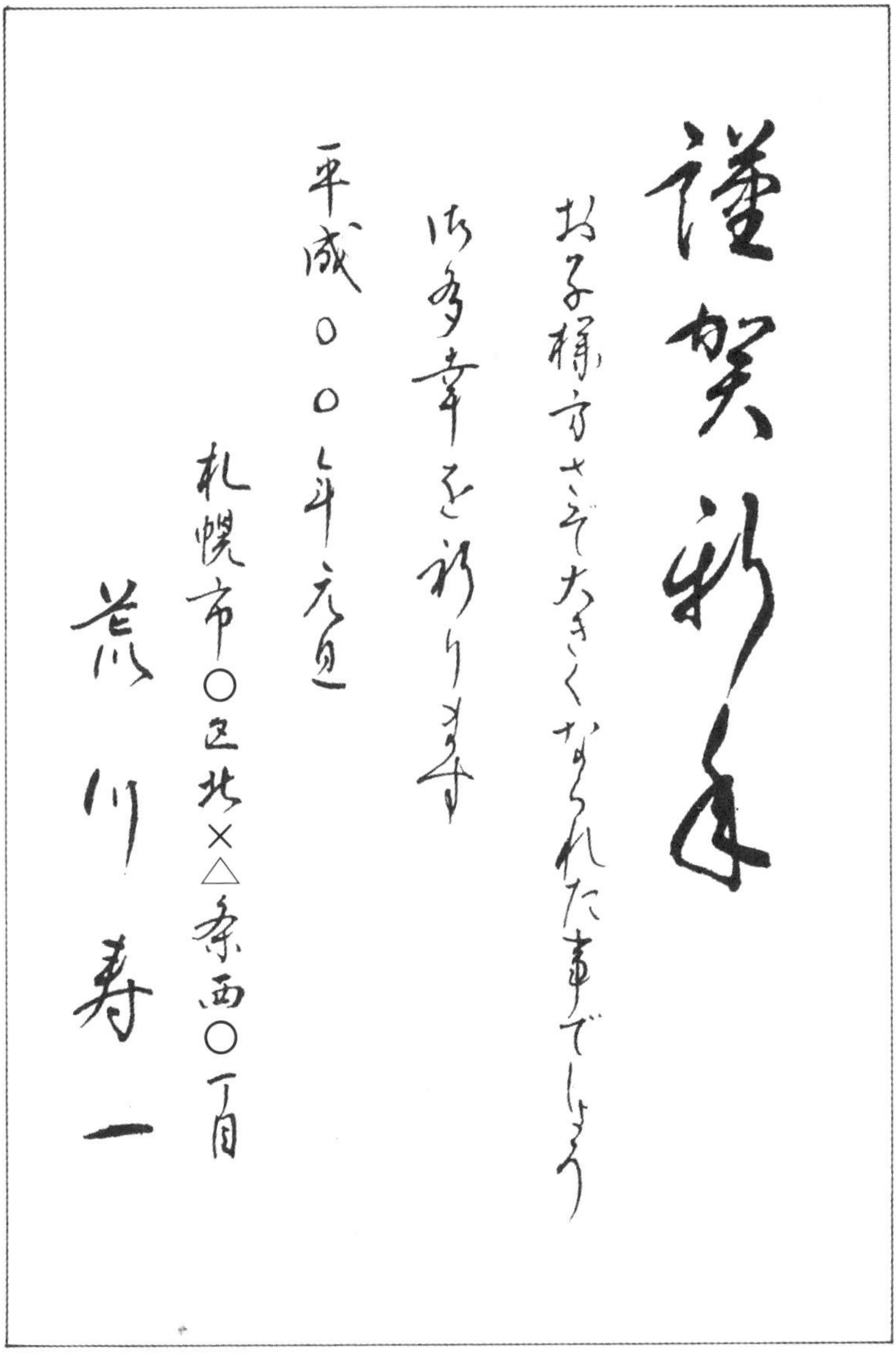
謹賀新年
お子様方さぞ大きくなられた事でしょう
御多幸を祈ります
平成○○年元旦
札幌市○区北×△条西○丁目
荒川寿一

一般的な年賀状です。平凡な文面も、書体や文字の大きさ、全体のバランスによって雰囲気が変わってきます。

敬《けい》寿《じゅ》瑞《ずい》春《しゅん》	恭《きょう》頌《しょう》新《しん》禧《き》	延《えん》壽《じゅ》万《ばん》歳《ざい》	長《ちょう》生《せい》安《あん》楽《らく》	富《ふう》貴《き》尊《そん》栄《えい》
敬寿瑞春	恭頌新禧	延壽万歳	長生安楽	富貴尊栄
敬寿瑞春	恭頌新禧	延壽万歳	長生安楽	富貴尊栄

毛筆年賀状

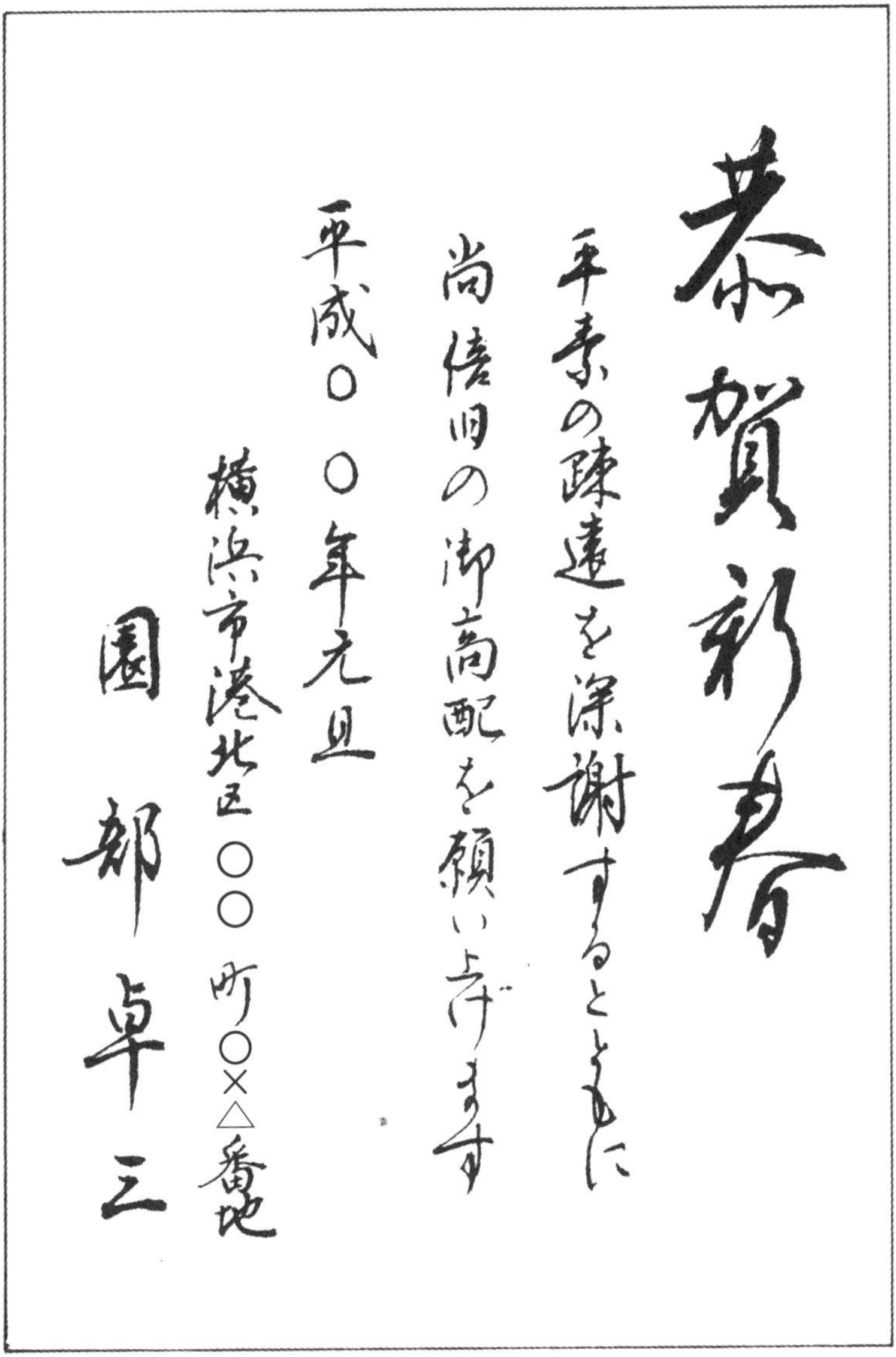
恭賀新春
平素の疎遠を深謝するとともに
尚倍旧の御高配を願い上げます
平成〇〇年元旦
横浜市港北区〇〇町〇×△番地
園部卓三

行書の年賀状です。あまり文字をくずして読みにくくなるよりも、この程度が無難です。

お揃いにてよき新年を
お迎えのことと存じます

幸多きご迎年を
お慶び申し上げます

よい新年を静かに
迎えられたことと思います

輝かしい希望の年が
訪れました

旧年中は一方ならぬ
ご厚誼にあずかりました

家族五人つゝがなく新春を
迎えることができました

私どもも無事
越年いたしました

一年間のご無沙汰のうちに
私も一児の母となりました

今年こそはと希望に
胸をふくらませております

ご一同様のご多幸を
お祈りいたします

毛筆年賀状

賀正

昨年中はいろいろとお世話
になり厚く御礼申し上げます
本年もなにとぞよろしく
ご指導のほど、お願い申し
上げます

庚午元旦

多摩市○×一丁目○番×号
グリーンハイツ○×七〇一
鈴木真一郎

文字の配置の工夫で文面に変化をつけてあります。「賀正」の力強さが全体を引きしめています。

皆々様のご健康を
心よりお祈り申し上げます
ご尊家様にとりまして
最良の一年となりますよう
皆様にとって佳き年で
ありますように
いっそう仲睦まじく
お過ごしのほど
本年もよろしく
お願い申し上げます

本年も相変らずご厚情に
預りたく存じます
本年も旧に倍してご交際の
ほど お願い致します
この年もなにとぞ
ご指導くださいませ
よろしくお引立の程
伏してお願い申し上げます
一層のご繁栄を衷心より
祈念致しております

謹んで年頭の御祝詞を
申し上げます
本年も相変らず御厚誼のほど
お願いいたします
平成○○年一月一日
千葉市○×△□二丁目十三ー六
長崎澄彦

一字一字に力があって、書いた人の新年に寄せる心意気と人柄がにじみ出ているようです。

巳《み》	辰《たつ》	卯《う》	寅《とら》	丑《うし》	子《ね》
巳	辰	卯	寅	丑	子
巳	辰	卯	寅	丑	子

亥《い》	戌《いぬ》	酉《とり》	申《さる》	未《ひつじ》	午《うま》
亥	戌	酉	申	未	午
亥	戌	酉	申	未	午

毛筆年賀状

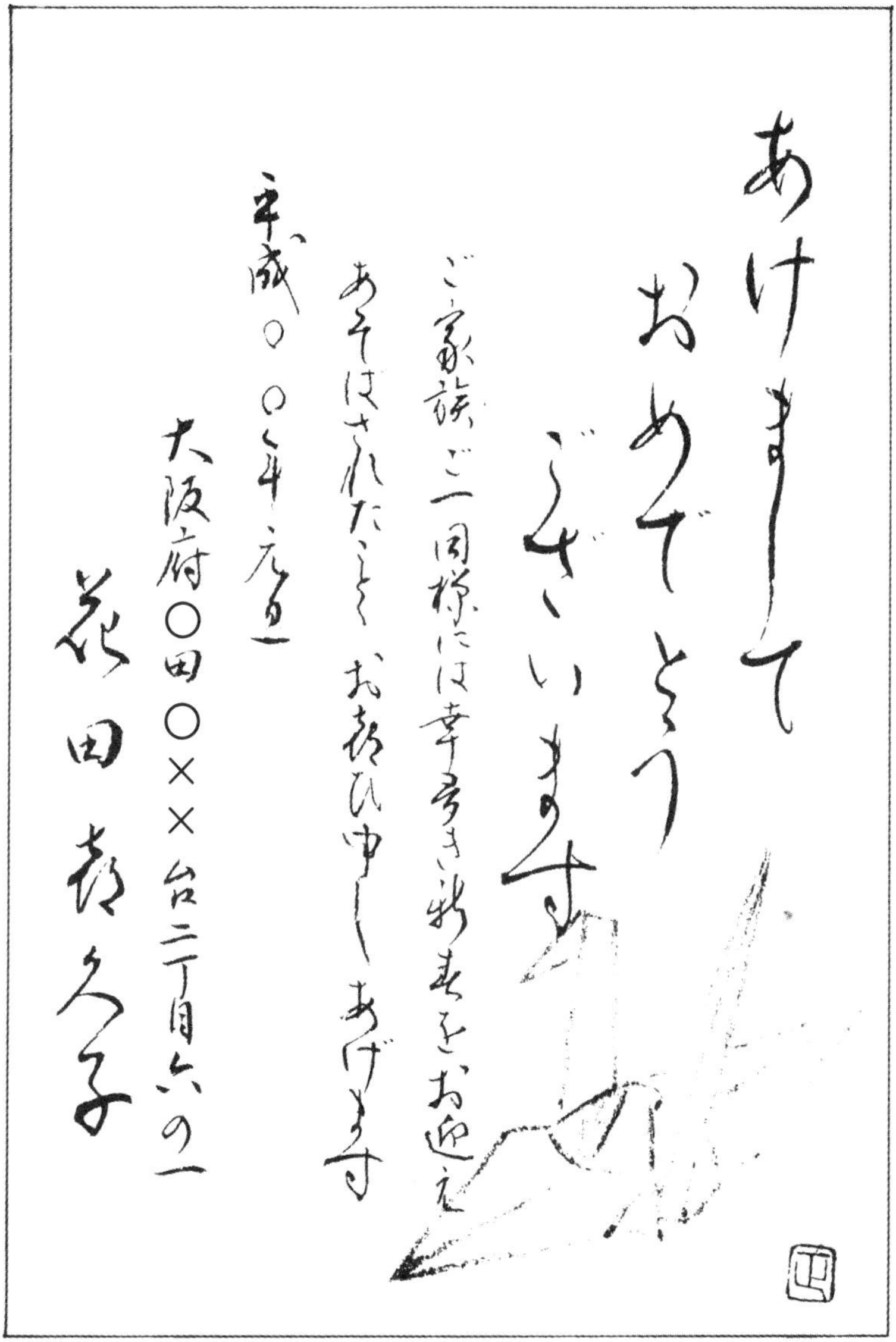
あけましておめでとうございます

ご家族ご一同様には幸多き新春をお迎えあそばされたこととお喜び申しあげます

平成○○年元旦

大阪府○田○××台二丁目六の一

花田喜久子

正月らしい雰囲気の絵入り私製はがきを使いました。全体に女性の年賀状らしいやわらかい雰囲気にまとまっています。

二〇〇〇年 庚辰 かのえ・たつ	一九九六年 丙子 ひのえ・ね	一九九二年 壬申 みづのえ・さる	一九八八年 戊辰 つちのえ・たつ	一九八四年 甲子 きのえ・ね
二〇〇一年 辛巳 かのと・み	一九九七年 丁丑 ひのと・うし	一九九三年 癸酉 みずのと・とり	一九八九年 己巳 つちのと・み	一九八五年 乙丑 きのと・うし
二〇〇二年 壬午 みづのえ・うま	一九九八年 戊寅 つちのえ・とら	一九九四年 甲戌 きのえ・いぬ	一九九〇年 庚午 かのえ・うま	一九八六年 丙寅 ひのえ・とら
二〇〇三年 癸未 みづのと・ひつじ	一九九九年 己卯 つちのと・う	一九九五年 乙亥 きのと・い	一九九一年 辛未 かのと・ひつじ	一九八七年 丁卯 ひのと・う

毛筆年賀状

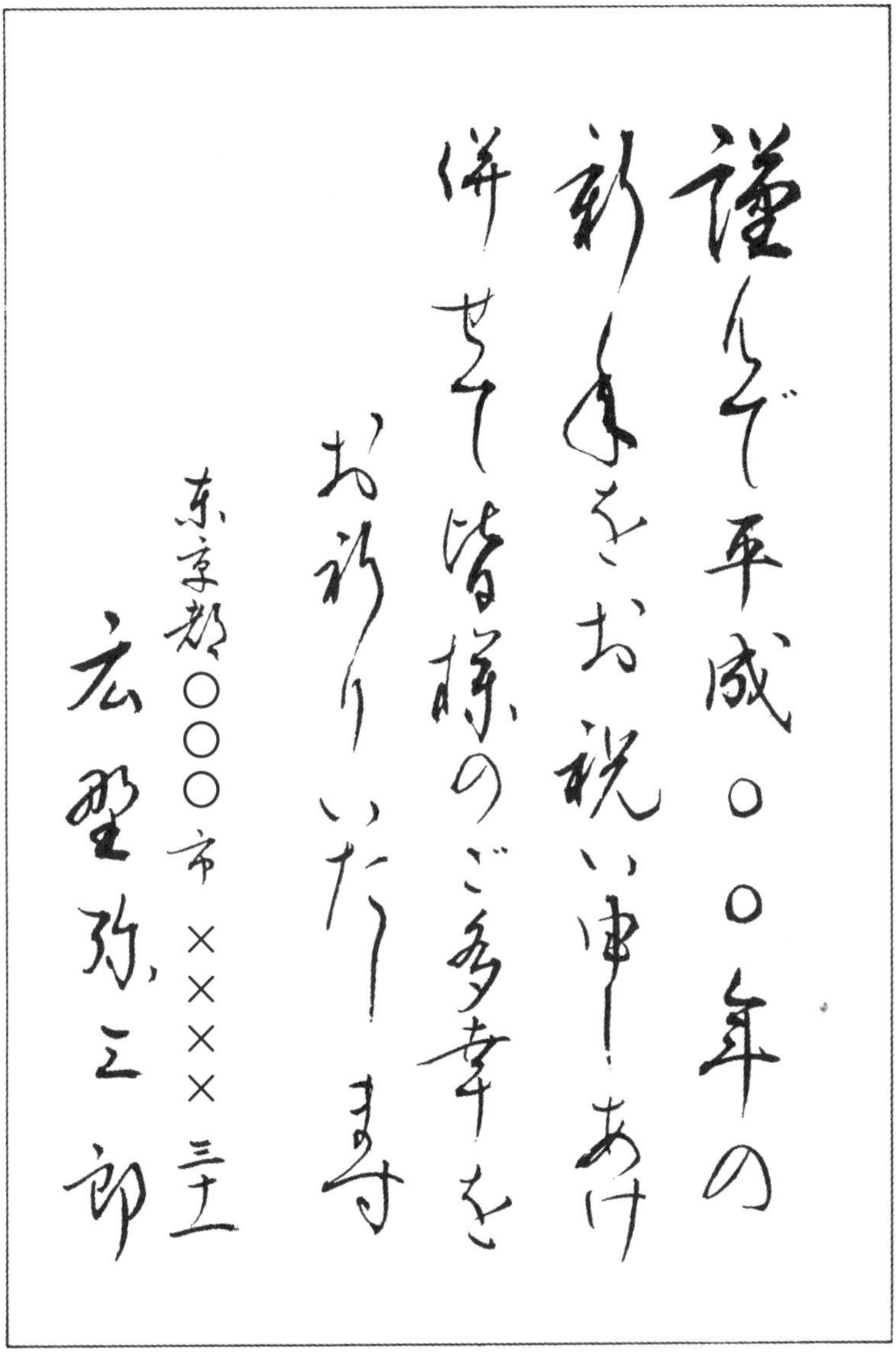
謹んで平成〇〇年の
新春をお祝い申しあげ
併せて皆様のご多幸を
お祈りいたします
東京都〇〇〇市××××

かなの連綿が美しくまとまっています。文字をくずす場合は、自己流でなく正しい理にかなったくずし方をすることが大切です。

甲申 きのえ・さる 二〇〇四年	戊子 つちのえ・ね 二〇〇八年	壬辰 みづのえ・たつ 二〇一二年	丙申 ひのえ・さる 二〇一六年	庚子 かのえ・ね 二〇二〇年
乙酉 きのと・とり 二〇〇五年	己丑 つちのと・うし 二〇〇九年	癸巳 みづのと・み 二〇一三年	丁酉 ひのと・とり 二〇一七年	辛丑 かのと・うし 二〇二一年
丙戌 ひのえ・いぬ 二〇〇六年	庚寅 かのえ・とら 二〇一〇年	甲午 きのえ・うま 二〇一四年	戊戌 つちのえ・いぬ 二〇一八年	壬寅 みずのえ・とら 二〇二二年
丁亥 ひのと・い 二〇〇七年	辛卯 かのと・う 二〇一一年	乙未 きのと・ひつじ 二〇一五年	己亥 つちのと・い 二〇一九年	癸卯 みづのと・う 二〇二三年

毛筆年賀状

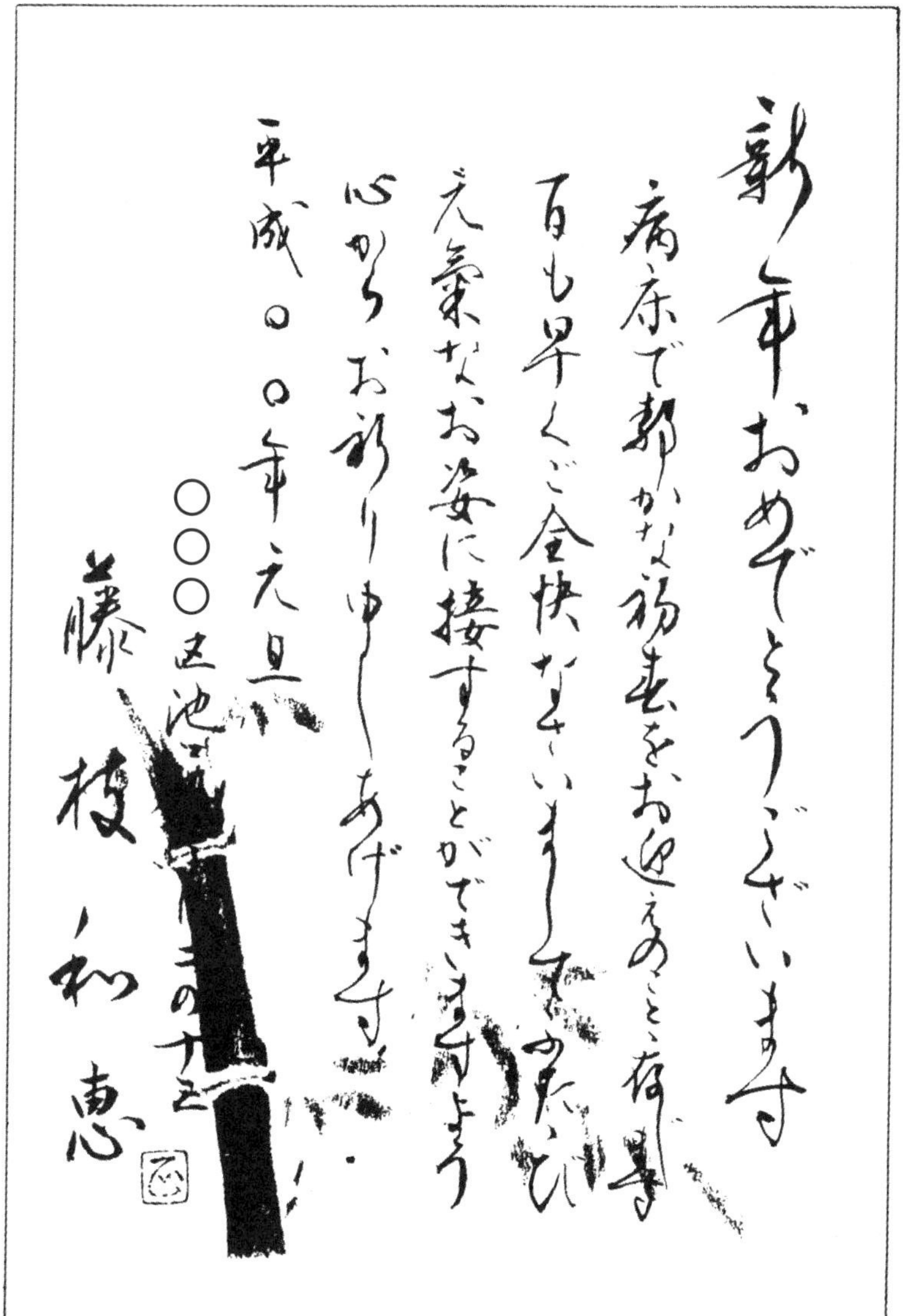
新年おめでとうございます
病床で静かな新春をお迎えのことと存じます
一日も早くご全快なさいましてふたたび
元気なお姿に接することができますよう
心からお祈り申しあげます
平成〇〇年元旦
〇〇〇

病中の人への年賀状です。

気持の沈みがちな病人には、年頭の挨拶だけでなく、励ましのことばや明るい話題を書き添えるとよいでしょう。

甲辰 きのえ・たつ 二〇二四年	戊申 つちのえ・さる 二〇二八年	壬子 みづのえ・ね 二〇三二年	丙辰 ひのえ・たつ 二〇三六年	庚申 かのえ・さる 二〇四〇年
乙巳 きのと・み 二〇二五年	己酉 つちのと・とり 二〇二九年	癸丑 みづのと・うし 二〇三三年	丁巳 ひのと・み 二〇三七年	辛酉 かのと・とり 二〇四一年
丙午 ひのえ・うま 二〇二六年	庚戌 かのえ・いぬ 二〇三〇年	甲寅 きのえ・とら 二〇三四年	戊午 つちのえ・うま 二〇三八年	壬戌 みづのえ・いぬ 二〇四二年
丁未 ひのと・ひつじ 二〇二七年	辛亥 かのと・い 二〇三一年	乙卯 きのと・う 二〇三五年	己未 つちのと・ひつじ 二〇三九年	癸亥 みづのと・い 二〇四三年

毛筆年賀状

新年おめでとうございます
ご丁寧な賀状を賜わりましたことにありがとう存じます
本年も相変りませずよろしくお願い申し上げます
平成○○年一月三日
神戸市○○区××町一の九
吉永善三

年賀状の返信はなるべく早く書くようにします。そのときお礼のことばを忘れずに。日付は書いた日の日付にします。

賀正	福寿	献寿	春寿	恭頌
賀正	福寿	献寿	春寿	恭頌
賀正	福寿	献寿	春寿	恭頌
がしょう	ふくじゅ	けんじゅ	しゅんじゅ	きょうしょう

ペン書年賀状

賀正

永年住みなれました東京を離れて
埼玉県浦和市で、初の新年を迎えました。
新しい土地で万事不自由ではありますが、
心機一新、本年は十分に仕事に取り組み
たいとはりきっております。
どうぞよろしくお願い申しあげます

二〇××年元旦

埼玉県〇〇市△△二十七番五号

中里了一

転居通知を兼ねた年賀状です。新しい気持でスタートするという決意が簡潔な文章の中によくあらわれています。

賀春	賀春	賀春	がしゅん
迎春	迎春	迎春	げいしゅん
頌春	頌春	頌春	しょうしゅん
瑞春	瑞春	瑞春	ずいしゅん
壽春	壽春	壽春	じゅしゅん

頌春
旧年中のご厚情を深謝いたします
本年のご交誼を心から
お願い申し上げます
元旦
東京都〇〇区△△一ノ五ノ二
長島 浩

ペン書きの場合は、文字にアクセントをつけにくいので、文字の大きさに対する配慮が必要です。

謹賀新年	謹賀新春	謹賀新正	恭賀新年	恭賀新春
謹賀新年	謹賀新春	謹賀新正	恭賀新年	恭賀新春
謹賀新年	謹賀新春	謹賀新正	恭賀新年	恭賀新春

ペン書年賀状

初春のおよろこびを申し上げます
旧年中は一方ならぬお世話にあずかり
衷心より御礼申し上げます。
本年も相変らずよろしく願いあげます。
平成〇〇年元旦

〇〇〇市南区△△町一ノ六
橋本照久

初春の華やかさをそのまま表現したような年賀状です。この場合、あまり早書きすると達筆ではあってもぞんざいな感じを与えることもあるので注意します。

敬寿瑞春	恭頌新禧	延壽万歳	長生安楽	富貴尊栄
敬寿瑞春	恭頌新禧	延壽万歳	長生安楽	富貴尊栄
敬壽瑞春	恭頌新禧	延壽萬歳	长生安乐	富貴尊栄

ペン書年賀状

謹んで新年の御祝詞を
申し上げます
先生には健やかに新春をお迎えの
ことと存じます
本年もよろしくご指導賜わります
ようお願い申し上げます
二〇△△年元旦
飯田慶一

年頭の挨拶文が二行にまたがる場合、文章の切り方、二行目を書き出す位置に注意します。この場合、表面に住所を書くのを忘れないでください。

お揃いにてよき新年を
お迎えのことと存じます

幸多きご迎年を
お慶び申し上げます

よい新年を静かに
迎えられたことと思います

輝かしい希望の年が
訪れました

旧年中は一方ならぬ
ご厚誼にあずかりました

家族五人つゝがなく新春を
迎えることができました

私ども無事
越年いたしました

一年間のご無沙汰のうちに
私も一児の母となりました

今年こそはと希望に
胸をふくらませております

ご一同様のご多幸を
お祈りいたします

ペン書年賀状

謹んで初春の
およろこびを
申し上げます

平成○○年元旦

川添千鶴子

○○○区△△一の七の三

草書の年賀状です。
字数の少ない場合は、文字の大きさと行間をくふうして
全体のバランスを保ちます。

皆々様のご健康を
心よりお祈り申し上げます

ご尊家様にとりまして
最良の一年となりますよう
皆様にとって佳き年で
ありますように
いっそう仲睦まじく
お過ごしのほど
本年もよろしく
お願い申し上げます

本年も相変らずご厚情に
預りたく存じます

本年も旧に倍してご交際の
ほどお願い致します

この年もなにとぞ
ご指導くださいませ

よろしくお引立の程
伏してお願い申しあげます

一層のご繁栄を衷心より
祈念致しております

ペン書年賀状

謹んで新年を賀し奉ります
旧年は雑事にとりまぎれまして
ご無沙汰いたし失礼致しました。
お陰さまで私方もつつがなく新春を迎える
ことができました。これもひとえに貴台様の
ご教導の賜ものと深く感謝致しております。
まずは新年のご挨拶のみ申し上げます

平成〇〇年元旦

原田裕一郎
妻 とも代

夫婦連名にする場合、妻の名前を心もち小さめに書くとよいでしょう。
住所を忘れずに表面に書きます。

喪中欠礼状

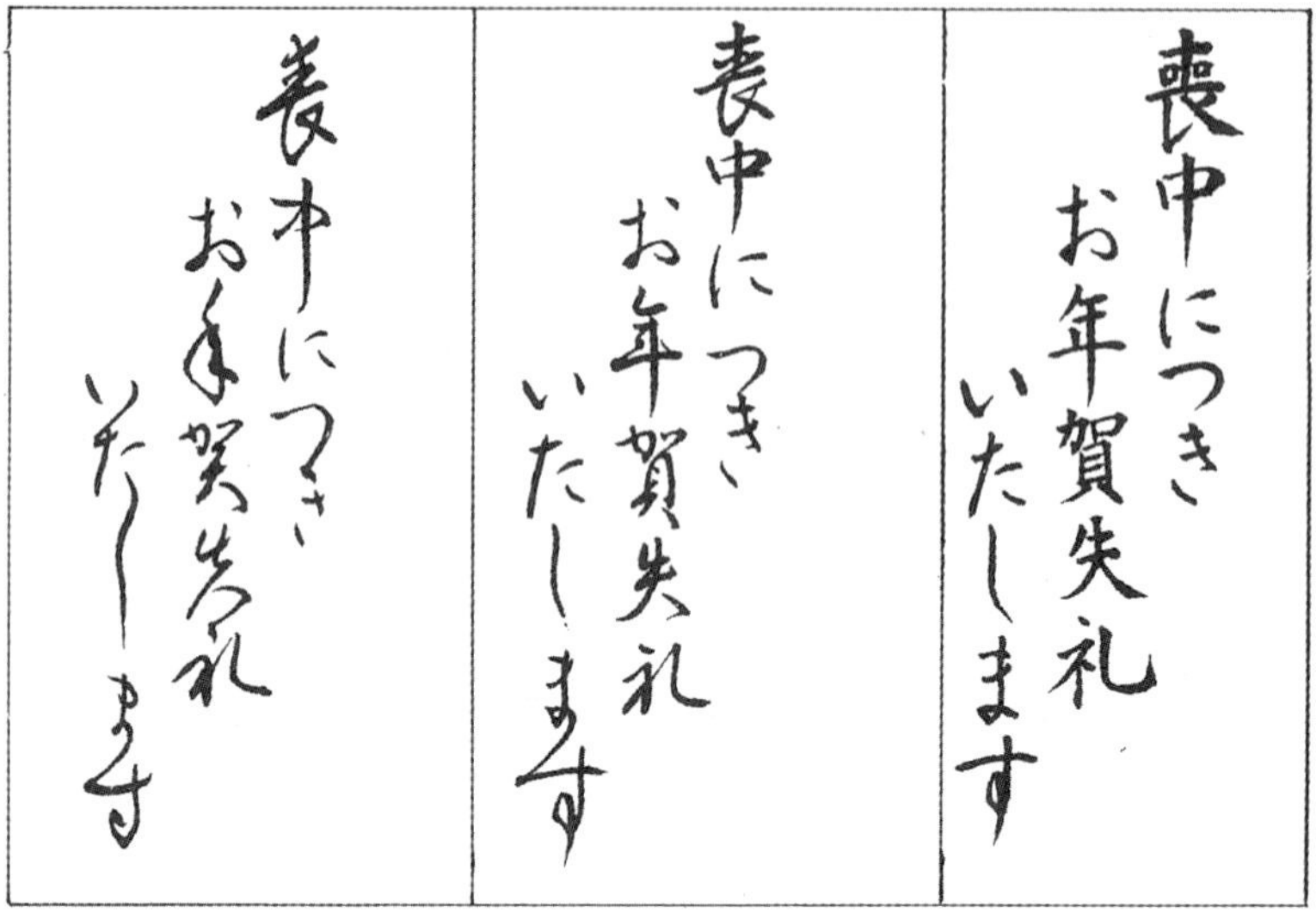

喪中につき
お年賀失礼
いたします
喪中につき
お年賀失礼
いたします
喪中につき
お年賀失礼
いたします

書き方のポイント

喪に服している人は、年賀状の交換に先立って十二月中旬には、その旨を述べ欠礼する手紙を出しておくのが礼儀です。

その場合、「喪中につきお年賀失礼致します」とだけ書いたのでは受取人に「どなたが亡くなったのか」と余計な心配をかけることにもなりかねないので、「亡母の服喪中」とか「十月に長男を亡くし」などと具体的に書いたほうがよいでしょう。

喪に服する範囲は、近頃では父母、夫婦、子どもの家族の範囲内、服喪期間は故人との続柄によって異なり、父母の場合は十三か月と一番長く、以下夫、妻、子、兄弟姉妹の順となります。しかし、これでは現代生活はできないので、両親、夫婦は一年、子どもや兄弟姉妹は三か月とするのが一般的です。

喪中欠礼状

去る十一月 父を失いましたので 年頭の
賀詞 差し控えます
この上ながら御自愛専一の程念じ上げます
平成○○年十二月○日
○○市△△△△一〇二〇番地
藤巻 健治

喪中欠礼の挨拶状には、時候や安否をたずねる前文は省略していきなり主文にはいってもかまいません。しかし、あまり事務的な伝達だけに終わらない配慮も必要です。

喪中につき年末年始の
御挨拶を遠慮致します

服喪中ですので
御年賀の礼を差し
控えます

亡夫の服喪中につき
お年賀欠礼させて
いただきます

喪中につき勝手ながら
お年賀遠慮させて
いただきます

喪中につき年末年始の
御挨拶を遠慮致します

服喪中ですので
御年賀の礼を
差し控えます

亡夫の服喪中につき
お年賀欠礼させて
いただきます

喪中につき勝手ながら
お年賀遠慮させて
いただきます

喪中欠礼状

年の瀬も近づいてまいりました。ますます
ご健勝の毎日と拝察申しあげます。さて
私方ではこの晩秋郷里秋田に於て父を亡くし
喪に服しておりますので年末年始のご挨拶は
遠慮させていただきます。
向寒の折から一層のご自愛の程祈り上げます
平成〇〇年十二月
〇〇県△△市××一丁目七番十三号
内山太吉

喪中欠礼の挨拶状を書くときは、文字をあまりくずさないで楷書でていねいに書きます。時候の挨拶語を書き添えると親しみが感じられます。

寒中・余寒見舞い

寒中　寒中

厳寒　厳寒

余寒　余寒

書き方のポイント

時候見舞いは季節の折り目にあたって出すもので、社交的要素の強いものです。

寒中・余寒のお見舞い状は、年賀の挨拶状を出した直後なので、儀礼的な意味からはあまり出されていません。書くとすれば遠く離れて暮す父母や老人、お世話になった恩師、親戚、それに準ずる人たちです。年末に喪中の挨拶状をいただいた方にまだ返事を出していない場合には、寒中見舞いを兼ねて励ましの手紙を出すとよいでしょう。

これは寒さを見舞うものですから、相手の心をあたためるような思いやりに満ちた書き方を心がけたいものです。

寒中見舞いは一月六日頃の寒の入りから一月中に出します。二月の立春後には余寒見舞いとなります。

寒中・余寒見舞い

寒中お見舞申し上げます
大寒の入りと共にいよいよ厳しい寒さの
連日でございますが 皆々様ご無事にて
お過ごしでしょうか お伺い申し上げます
厳寒のみぎりくれぐれも御身お大切に
お過ごし下さいませ

寒さで身も心もちぢまってしまいそうなときに届く寒中見舞い状は、どんなに簡単なものでも、心の中がほんのりと暖められてうれしいものです。

寒中お見舞い
申し上げます
急に冷え込みが
はげしくなりました
みぞれまじりの氷雨の
日が続いております
冬晴れの空が美しく
広がっています
御地ではお寒さが
厳しいことと存じます

寒さにめげず元気に
暮しております
感冒が猛威をふるって
いる昨今です
当分は寒さが続く
ことと思います
間もなく冬も峠を
越えることでしょう
まずは寒中
お見舞いまで

毛筆寒中見舞い

寒中のお見舞いを申し上げます
ことしの寒さは近年まれですが先生
にはお障りありませんか
私はお陰様で無事に暮しております
他事ながらご安心ください
その様子ではまだまだ寒さも厳しいこと
と存じます　この上もご自愛くださいます
よう　お祈り申し上げます

寒中見舞い状では、先方の安否をたずね、励ましのことばを伝えることを第一とします。紋切り型でなく自分のことばで書くように心がけましょう。

残寒のお見舞いを
申し上げます
春とは名ばかりの
お寒さでございます
春とは申せ冴えかえる
寒さの毎日です
いつまで寒さが続くので
しょうか
残寒が骨身にしみと
おるほどでございます

子ども達もすっかり
雪焼けしています
冬来たりなば春
遠からじと申します
それでも庭の梅が
ふくらんできました
花の便りもいくぶん
遅れるかと存じます
まずは余寒のお見舞い
まで申し上げます

毛筆寒中見舞い

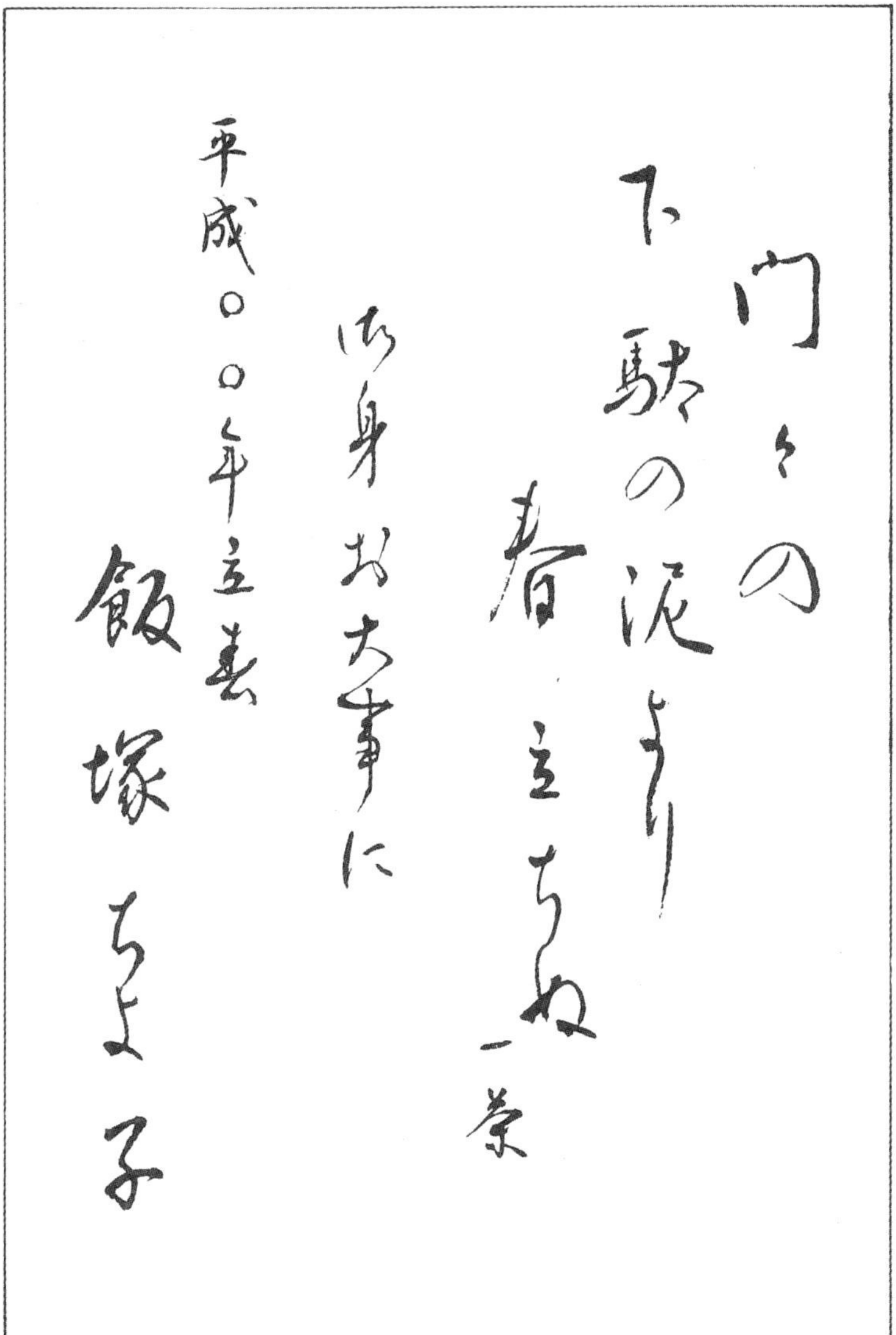
門々の
下駄の泥より
春立ちぬ
一茶
御身お大事に
平成〇〇年立春
飯塚ちよ子

俳句や短歌を書く場合、散らし方によって雰囲気が変わります。内容にふさわしい絵の入ったはがきを使ったり、地色のついたものに書くなどのくふうも楽しいものです。

寒中お見舞い
申し上げます
急に冷え込みがはげし
くなりました
みぞれまじりの氷雨の
日が続いております
冬晴れの空が美しく
広がっています
御地ではお寒さが
厳しいことと存じます

寒さにめげず元気に
暮しております
感冒が猛威をふるって
いる昨今です
当分は寒さが続く
ことと思います
間もなく冬も峠を
越えることでしょう
まずは寒中
お見舞いまで

ペン書寒中見舞い

拝啓　寒さにはいりましてから急に冷え
込みが強くなりましたので　御地のお寒さ
もさだめし厳しいことと存じます。
皆様いかがおすごしでしょうか。私どもでは
一同元気に暮らしておりますから　ご休心下さい。
寒さも今が峠かと存じますが　十分に
ご自愛のほど　お祈り申し上げます
まずは　寒中　お見舞いまで
敬具

草書の寒中見舞い状です。漢字とかな文字が美しく調和して流麗な文面を作り出しています。

残寒のお見舞いを
申し上げます
春とは名ばかりの
お寒さでございます
春とは申せ冴えかえる
寒さの毎日です
いつまで寒さが続くので
しょうか
残寒が骨身にしみと
おるほどでございます

子ども達もすっかり
雪焼けしています
冬来たりなば 春
遠からじと申します
それでも庭の梅が
ふくらんできました
花の便りもいくぶん
遅れるかと存じます
まずは余寒のお見舞い
まで申し上げます

ペン書寒中見舞い

残寒のお見舞いを申し上げます
立春とは名のみで相変らずお寒いことで
ございます。御一同様には格別のお変りも
ございませんか。私方では皆々無事に暮して
おりますから、ご安心の程願いとう存じます。
余寒なお、お厳しゅうございますが　ご一家
お健やかに輝く陽春をお迎えになられ
ますよう、お祈り申し上げます。

残寒見舞い状は、単なる見舞いのことばだけでなく、やがて訪れる春への明るい希望を書き加えると、受取人の気持がひきたつでしょう。

暑中・残暑見舞い

暑中　暑中
酷暑　酷暑
残暑　残暑

書き方のポイント

暑中見舞いは年賀状とともに、日頃あまり会うことのない相手に年に二度しか出さない便りですから、簡単な文面でも受け取った側にすれば、その折り目正しさはうれしいものです。

若い人たちの間では、海や山の楽しい生活ぶりを知らせあうのが主眼になっているようですが、一般的には、先方の健康や日常生活をたずねるとともに、自分の簡単な近況報告をするのがよいでしょう。ただし、猛暑の最中でもあることから、だらだらと書かないですっきりと涼しさを誘うような書き方をしましょう。

暑中見舞いは七月中旬の梅雨明けから八月八日頃の立秋までに出すもので、それ以後は暑くても残暑見舞いとなります。

毛筆暑中見舞い

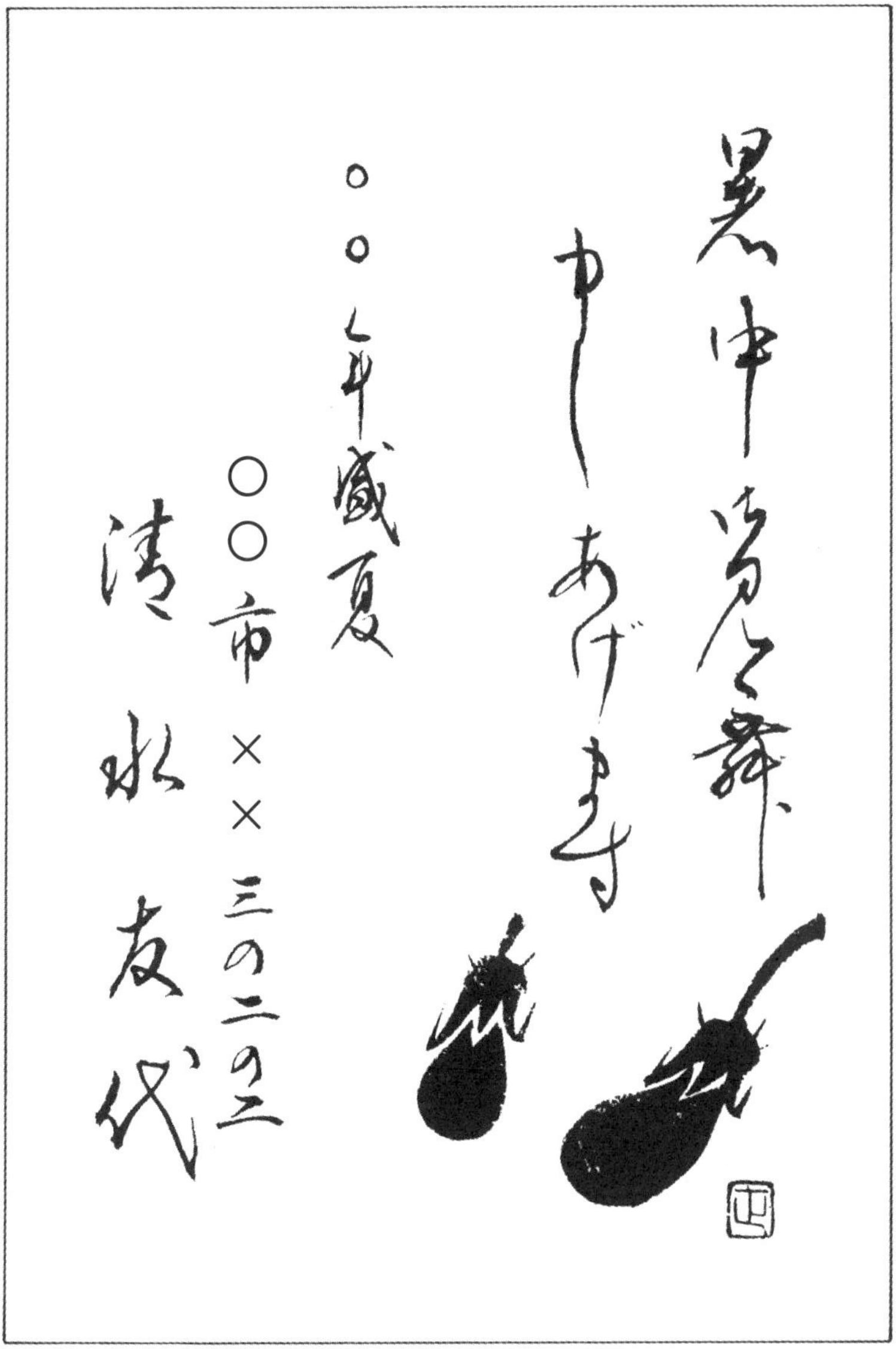
暑中お見舞い
申しあげます
○○年盛夏
○○市××三の二の三
清水友代

暑中見舞い状は、すっきりとした涼しさを感じ取れるようなものにします。私製はがきや写真などくふうしてみましょう。

暑中お見舞い
申し上げます

土用にはいってにわかに
暑くなりました

昨今の猛暑、皆様
いかが お過ごしですか

この炎暑にはいささか
閉口しています

郷里の夏の涼しさを
満喫しています

暑中お伺い
申し上げます

酷暑に草も枯れ
青葉もしおれる程です

暑さにもめげずご活躍
のことと思います

書面を持ってお見舞い
申し上げます

まずは暑中
お見舞いまで

毛筆暑中見舞い

梅雨が漸く終りとなりましたらにわかに
むし暑くなってまいりました
久しく ご無沙汰いたして おりますが
ご一同様にては いかがおしのぎでしょうか
新聞によれば今年は例年にない酷暑の由
なにとぞご自愛専一にお願い申し上げます
まずは 暑中 お見舞まで

うだるような暑さにあえいでいるときに受け取る暑中見舞い状は、大いに励まされるものです。

残暑お見舞い
申し上げます
暦の上ではすでに
秋立つ頃となりました
土用明けとも思えぬ
暑さでございます
残炎が身にこたえる
暑さが続いております
御地は殊に酷熱の地と
承っております

残暑お伺い
申し上げます
吹く風に秋の気配を
感じます
いましばらくの
ご自愛を祈ります
秋はもうすぐそこ
まで来ています
まずは 残暑
お見舞いまで

毛筆暑中見舞い

残暑お見舞い申し上げます
立秋とは名ばかりで土用が明けましたら
かえって暑気が増したような昨今、如何
お過ごしですか
暑いとは申せ朝夕の風は心地よく、秋も
間近と思われます いま一段のご自愛の程
祈り上げます
平成○○年八月

残暑見舞いとはいっても暑い最中に出すことが多いのですから、わずかなことでも身近かに感じた秋の気配などが記してあるとほっとするものです。

暑中お見舞い
申し上げます
土用にはいってにわかに
暑くなりました
昨今の猛暑、皆様
いかがお過ごしですか
この炎暑にはいささか
閉口しています
郷里の夏の涼しさを
満喫しています

暑中お伺い
申し上げます
酷暑に草も枯れ
青葉もしおれる程です
暑さにもめげずご活躍の
ことと思います
書面を持ってお見舞い
申し上げます
まずは暑中
お見舞いまで

ペン書暑中見舞い

ペン書きの暑中見舞い状です。
楷書ですっきりと書かれているので、涼しさを感じます。

暑中お見舞申し上げます
その後は長らくご無沙汰いたしております。
昨今の猛暑皆々様には御障りもございませんか。
当方は幸いにして一同息災に過ごしております
ので、余事ながらご安心ください。
ことしは殊に大暑の由に予報されております。
何とぞご自愛のほどお祈り申し上げます。

残暑お見舞い
申し上げます
暦の上ではすでに
秋立つ頃となりました
土用明けとも思えぬ
暑さでございます
残炎が身にこたえる
暑さが続いております
御地は殊に酷熱の地と
承っております

残暑お伺い
申し上げます
吹く風に秋の気配を
感じます
いましばらくのご自愛を
祈ります
秋はもうすぐそこ
まできています
まずは残暑
お見舞いまで

ペン書残暑見舞い

残暑お見舞申しあげます
日中の暑さはまだ厳しい今日この頃、
皆々様にはいかがおすごしでいらっしゃいますか。
私共は皆元気に暮しておりますので他事
ながらご安心くださいませ。
暑さもいましばらくの辛抱かと存じますが
くれぐれもお身体大切にお過しくださいませ。
平成○○年立秋

暦の上の立秋を過ぎてからしばらくの間が暑さの本番です。暑中見舞いを出しそびれても、残暑見舞いを出せば礼を欠くことはありません。

招待・案内状

新年会	誕生祝	全快祝	仏事
新年会	誕生祝	全快祝	佛事

書き方のポイント

招待状・案内状は、さまざまな催しごとに人を招く目的を持つものですから、目的・日時・場所の三つをはっきりと相手に知らせることがポイントです。しかし、ある程度文章を飾ることによって、相手を誘い出すことも大切な要素となります。

会場の場所や道順がわかりにくいと思われるときは、降車駅、路順なども書き添える親切心が大切です。また、わざわざ来場を依頼するのですから、招待の内容や相手によって敬語の使い方を誤らないように、丁寧な調子で書くように心がけます。

拝啓　秋もいよいよ深まってまいりました。
お元気でいらっしゃいますか。久しぶりで
グループの皆さんとゆっくりおしゃべりを楽しみ
たいと存じます。文字どおりのお茶の会で
おかまいもできませんが、来る十二日の午後
二時に、私宅にお出でいただきたく存じます。
どうぞお繰り合わせ、お集まり下さいませ。
敬具

親しい仲間に出す招待状です。

草書のやわらかい文字が、いかにもなごやかなお茶の会の雰囲気を連想させるようです。

新年会

新しい年の新しい決意を
大いに語り合いましょう
一年の計を今年も
バッチリ決めませんか
同志相集まって初春の
一夕を痛飲しましょう
メンバーはいつもの六人を
予定しています

拙宅で年賀の催しを
いたしたく存じます
旧交を暖め新年の希望を
語り合いたいと思います
三日の新年会にはぜひ
お揃いでお出で下さい
女性だけの新年会で大いに
気勢を上げたいと存じます
服装はふだん着で
お出かけください

拝啓　お揃いで良い新年をお迎えのことと
お喜び申しあげます。穏やかな元旦で、今年は
何かよい事のありそうな予感がいたします。
例によりまして、七日の午前十一時から　私宅で
新年会をいたします。　特別なおもてなしも
できませんが、新しい年の抱負を語り合いた
いと思いますので、　ぜひ　お繰り合わせの上
ご出席ください。
お待ちいたしております。
敬具

新年会といっても内容はさまざまですから、どんな目的でどんな形の会をするのか先方にわかるように書きます。

誕生祝い

いくつになっても誕生日は
うれしいものです
ささやかな誕生祝いの
パーティーを開きます
ひとつずつ大きくなって
今年は一年生です
かわいいケーキを作ります
ぜひいらしてください

この一年健やかに育った
お祝いをしたいと存じます
送り迎えて五十回目の
誕生日がきます
粗酒を汲み交し大いに
談笑致したく存じます
ぜひ私宅までお運び下さい
ますようお願い申し上げます
気のおけない紳士淑女
ばかりの小宴です

早苗さま。
この十四日は私の二十歳の誕生日です。
成人を記念してというわけでもありませんが、
ごく親しいお友達をお招きして、心ばかりの
誕生祝いをしたいと思います。母と私の手料
理で、これといったおもてなしも出来ませんが、
当日五時頃までにお越しくださいませ。
まずはご案内まで
ゆかり

親しい友人への招待状は、形式ばらないで気軽に参加できるような書き方をします。

全快祝い

ようやく病床生活にも
別れを告げることができました
お医者様からも もう大丈夫
と折紙をつけられました
お赤飯でもご一緒
したいと存じます
元気になったゆかりを
見ていただきたいと存じます

病中は一方ならぬ
お世話になりました
入院中のご好意に深く
感謝申しあげます
床払いもすませ軽い散歩も
できるようになりました
全快祝いのしるしまでに粗飯
を呈致したく存じます
ごく内輪の全快祝いを
いたしたいと思います

拝啓　先般小生の入院中には御多用中にもかか
わらずお見舞いくだされ　お心のこもった御見舞
品まで頂戴いたし厚く御礼申し上げます
おかげさまで手術後の経過もよく、一昨日退院
致しましたから何とぞご休心下さい。
つきましては　ささやかな床上げの祝いを致したく
存じますので何もございませんが来る二十日（日）
午前十一時頃に拙宅までお越し願いますれば
幸いに存じます
まずは　お礼かたがたご案内まで
敬具

全快祝いへの案内状には、簡単に経過を書いて先方に安心してもらえるように配慮することが大切です。

仏事

来る六日の祥月命日に法事を
営みたく存じます
霊前 お供物などの儀は
ご辞退させていただきます
遠路ご苦労様でございますが
ご焼香お願い申し上げます
法要後、粗餐をさし
あげる予定でございます

菩提寺宝仙寺において
七回忌の法要を営みます
泉下の霊を慰めたくご列席
いただけますれば幸いです
生前とくにご親交
いただきました方々に
有りし日の思い出話に
故人をしのびたいと思います
私どもがどんなに慰め
られるかわかりません

拝啓　秋冷の候　皆様にはご健勝にて
お過ごしのこと　お喜び申し上げます。
さて　来る十一月十日（日）は　亡父の一周忌に
あたりますので　ささやかながら法要を営みます
ご多用中　誠に恐縮に存じますが　同日午前
十一時　拙宅まで　ご光来いただきたく、
ご案内申し上げます。
敬具

仏事の案内や招待状は、文字をくずさないで、楷書でていねいに書きます。わざわざご足労願うのですから丁重なことばを使います。

各種招待状

成人の日にささやかな
パーティーを開きます

グラスもシェーカーも新品を
取り揃えてお待ちしています

サンタクロースは午後
×時にやってきます

若葉の宵を楽しく
踊りたいと思います

ご挨拶を兼ねて左の通り
お茶の会を催します

春宵一刻 価千金とか
一夕を楽しく過ごしましょう

祝賀パーティーを
いたすことになりました

奥様ご同伴でお越し
いただきたく存じます

平服でお気軽に
お出かけください

ことしも楽しいクリスマスが近づいてまいりました。二十四日のイブには私宅のパーティーにぜひお出でくださいますよう、お招き申しあげます。ささやかながらツリーを立て金銀のモールも飾りつけました。あとは皆さまと聖夜の鐘の音を聴くばかりです。どうぞご家族お揃いで午後五時ごろまでにお出かけ下さい。まずはお招きまで。

楽しいパーティーへの招待状ですから、招待された人がぜひ参加したいと思うような文面になるように書きます。

通知状

出産	結婚	転居	死亡
出産	結婚	転居	死亡

書き方のポイント

これは、自分の身辺に起った変化や、先方に関係の深い事がらを知らせるものですから、知らせたいと思うことを正確に、わかりやすく書くことが大切です。

いつ、だれが、どこで、何を、どうしたかというポイントをはっきりつかんで書きます。

通知状はとかく事務的な文章になりがちです。簡潔で要領のいい文章は必要ですが、その中にも、個性や生活を匂わせることによって、相手に少しでも人生のうるおいを感じさせるような表現を心がけたいものです。たとえば葉書に印刷したような場合でも、横に肉筆でちょっと近況などを書き添えるとずいぶん違ったものになります。

ペン書出産通知状

前略　かねてご心配をいただいておりました
妻陽子が、昨日午後七時、近くの市立病院
で無事、女児を出産いたしました。初産の
ことで、案じておりましたが、きわめて安産で
母子とも元気ですから、ご安心ください。
はじめて子の父となり何とも言い表わせない
心境です。取りあえず安産のご通知まで
申し上げます。
草々

早速の出産通知です。出産の日にち、子どもの姓別、母子の安否など、必要なことをもらさないように注意します。

出産通知

力強い泣き声で丈夫な
ことを証明しています
みんなの心配をよそに
赤ん坊はケロッとしています
只今は二人ともすや〱と
眠っています
ついに父親になりました
まさに責任重大です

出産も意外に軽くしかも
男の子で大喜びです
僕に似ていると妻が
さかんに言います
女の子の父となりました
「香奈子」と名づけました
急に家中がにぎやかに
なりました
お産のご通知かたがた
お礼まで

毛筆出産通知状

残暑きびしき折柄、皆々様には いかがお過
ごしでしょうか。
さて、妻 由美子こと 去る八月十七日 女児を
分娩、母子ともども至って元気でございます。
昨日は ちょうどお七夜になりますので「真由美」
と名づけました。 お暇の折にでも、お遊びかた
がた ご来訪いただければと存じます。
まずは右 お知らせまで

通知状は、先方に正確に伝えるためにも、あまり文字をくずして読みにくくならないように注意します。特に固有名詞ははっきりと書きます。

結婚通知

感激も新たに二人の人生の
第一歩を踏み出しました
友人たちに祝福されて
新生活にはいりました
健全な家庭を築きあげる
ことに専念いたします
未熟な二人に今後とも
ご指導賜わりたく存じます

私ども両人〇月〇日に
結婚式を挙げました
お世話くださる方があり
再婚に踏み切りました
表記のアパートを新居として
共働きの生活に入りました
いずれ夫婦連れだって
ご挨拶に参上いたします
略儀ながら書中をもって
ご挨拶申しあげます

ペン書結婚通知状

拝啓　新緑の季節となりました。皆様には
いよいよご清福のこととお喜び申し上げます。
この度　磯田清二様ご夫婦のご媒酌により
山口友子と五月三日　結婚式を挙げ　新生活
にはいりました。
つたない私どもではございますが　今後とも一
層のご指導をいただきたく　よろしくお願い
申し上げます
敬具

結婚通知状は印刷したものを出すことが多いものですが、特にお世話になった人などには自筆で出すことで心がこもります。

入学・卒業通知

ランドセルを背負って家の
中を歩きまわっています
新しくまた階段を一段
ずつ昇っていきます
これで私の学校生活も終った
のだと思うと感慨無量です
やっと学窓を巣立ち社会人と
して出発することになりました

希望の学校で希望の勉強
不安の中にも燃えるものがあります
いよいよ大学生かと思うと
思わず口元がほころんできます
きょう無事に卒業証書を
いただきました
ひよこのままですがともかく
巣立つことになりました
在学中のご指導ご鞭撻に
衷心よりお礼申し上げます

ペン書入学・卒業通知状

拝啓　桜のつぼみもふくらんできました。
その後はお変りもなくお過ごしのことと存じます
いよいよ四月五日から隆も一年生になりますが、
その日が待ちきれなくて、毎日新しいランドセルを
背負って歩きまわっています。入学式の日には
晴れの姿を写真に撮っておめにかけたいと
思っています。
朝晩はまだだいぶ冷えますので、くれぐれも
おからだご大切になさってくださいませ。
かしこ

入学通知状は、単なる通知だけでなく先方にこちらの喜びが素直に伝わるような書き方をするとよいでしょう。

転居通知

ささやかながら新居を
営み転居致しました
このたび都合により
左記に転居いたしました
郊外のアパートに
引っこしてきました
ぜひ一度 遊びに
来てください

此度転勤により左記へ
転居致しました
かねて新築中の我が家が
落成しました
小高い丘の中腹で
景色のよいところです
地図のとおりわかり
やすいところです
お近くへお出かけの節は
ぜひお立ち寄り下さい

毛筆転居通知状

拝啓　風薫る若葉の季節となりました
皆様お変りもなくお過ごしの事と存じます
さて、このたび左記に転居致しました。
京王線△△駅より南へ八〇〇メートルのところです
ご散策をかねてご来遊のほどお待ち申し上げます
まずはお知らせまで

平成〇〇年五月

東京都〇〇市△△台二丁目五番地十九

島崎俊夫

転居通知状は、住所を正確に書くことを第一とします。近辺の目標などを書き入れておくと親切です。

死亡通知

病臥後 快方に向わず
ついに長逝いたしました
近親に見とられて安らかに
息をひきとりました
葬儀は内輪のみで心静か
にとり行ないました
急に気がぬけたようで
なにも手につかない毎日です

養生相かなわず
死去いたしました
発見が遅れたことが
残念でなりません
心ばかりの野辺送りを
済ませたところです
遠方のこととて早速の
ご通知をさし控えました
生前のご厚情を深く
感謝申しあげます

毛筆死亡通知状

母 信子こと
二月十三日 午後五時脳溢血で急逝いたしました
生前のご厚情をここに厚くお礼申し上げます
享年八十二歳で年齢に不足はないというもののいざ逝かれてみますと急に大切なものが消えたようで家の中に空白を感じます
葬儀は二月十七日 午後一時より二時まで
自宅において仏式で行ないます
右とりあえずお知らせ申し上げます

死亡通知は、濃い墨で黒々と書いてはいけません。悲しみを現わす意味で薄墨で書くようにします。

人生の記念日

還暦
古稀
喜寿
米寿
白寿

書き方のポイント

長い一生のうちには記念すべき日がたくさんあります。その中でも長寿の祝いや銀婚式・金婚式など長い歳月をつみ重ねて得た記念日には人生の厚みが加わって、祝う人にも祝われる人にも深い感動があるものです。

長寿の祝い（いずれも数え年）

還暦＝六十一歳　米寿＝八十八歳
古稀＝七十歳　白寿＝九十九歳
喜寿＝七十七歳

人間の寿命が延びた今日では古希から長寿の祝いをするのが一般的になっています。

結婚記念日（主なもの）

満一年＝紙婚式　満十年＝錫婚式
満十五年＝銅婚式　満二十五年＝銀婚式
満三十年＝真珠婚式　満五十年＝金婚式
満七十五年＝ダイヤモンド婚式

ペン書長寿祝い状

拝啓　春暖の候となりました。貴台にはこの度めでたく古希のおん歳をお迎えになられました由、謹んでお喜び申し上げます。今日もなおご壮健にてご活躍を続けられておられますことは、長寿のご摂生の賜ものと存じます。ご家内　御一同様のお喜びもいかばかりかと拝察申し上げます。この上ともご健勝にて　御長寿のほど　お祈り申し上げます。
まずは　御喜びまで。

敬具

長寿の祝い状です。
先方の長寿を祝うとともに、幾星霜を重ねて今日の日を迎えられたことを共に喜びねぎらうような文面にします。

長寿祝い

暦を還りましたが、まだ
まだ若さいっぱいです
馬齢を重ねておりますが
「これから」と元気旺盛です
喜びの寿よりも元気さ
だけが取り柄であります
一年ずつ重ね重ねた歳月
目を細めてふり返っています

気がまえだけは「紅き炎」
で燃えております
この「若き年寄り」を冷や
かしにお立ち寄り下さい
さゝやかな会食ですが更に
「橡」をいたゞきたく存じます
孫たちでパーティーを企画し
ました。ぜひおいで下さい
四代揃てのお祝いにぜひ
ご参集いただけますように

毛筆長寿祝い・招待状

拝呈　貴家皆々様には　いよいよご健勝の
ことお喜び申しあげます
さて、老父こと　来る九月十日をもって米寿を
迎えることとなりました。この上はなおいっそう
幸多かれとの願いをこめまして　ご懇意の方々に
ご光来いただき当日心ばかりの祝宴を開きたく
ご多用中恐縮とは存じますが　奥様ご同伴で
午後五時までに　お越し下さいますようお待ち
申しあげております
まずはご案内まで

敬具

長寿を知らせ、併せて祝宴への招待状を兼ねています。長寿の祝いは、周囲の人が主催して祝ってあげるのが一般的です。

結婚記念日

四半世紀の歩みを味わい
ながら感無量です
一生の一節をともかく
無事に過ごしました
お互いにやっと性格をのみ
こみ合えるようになりました
私どもの結婚の完成は
まだまだ、これからです

半世紀の苦楽をいま感謝
と共に思い浮かべています
われら老骨の夫婦を金と
たたえて下さり光栄です
よくここまで漕ぎつけた
ものと語り合っています
寄り添ってきた歳月がとても
清く思えたりしています
若い人たちが祝ってくれる
そうです。ぜひお越し下さい

ペン書銀婚式挨拶状

謹啓　春暖の候、皆々様には益々ご清栄のことと
お喜び申し上げます。
さて月日の経つのは早いもので　このたび私ども夫婦
も銀婚式を迎えます。二十五年間　風霜に堪え、
今日に至ることができましたのもひとえに貴兄ご夫婦
をはじめ友人　知己のご友情とご支援によるものと
厚く御礼申し上げます。　銀婚式はある意味で
小生たちの新しい出発ともいえます。　何とぞ　今後
とも一層のご支援をお願い申し上げます。
右　御礼かたがたご挨拶まで
頓首

銀婚式を迎えた挨拶状です。人生の一つの区切りに当って、お世話になった人々に感謝と新しい決意をこめて書くものです。

グリーティング・カード

グリーティング・カードは、誕生日やクリスマスなどを祝ってお互いに交換するカードです。親しい人や友人に、手紙では堅苦しいというような場合に、楽しいカードをおくることが最適です。

アイデアとセンスを生かして手作りカードを

バースディ・カード、クリスマス・カードのほか、バレンタイン・カード、イースター・カード、出産祝い、入学祝い、結婚祝い、お見舞い、別れの挨拶などグリーティング・カードの用途は広範囲にあります。

手紙のように形式に因われることなく、自由で、文章も短くてすみます。アイデアを生かして自分の好みのカードを作れば、相手により深い親しみと好感を与えることでしょう。

市販のカードを使用する場合も、用途にあわせてセンスのいいカードを選ぶことがコツです。

ただし、ユーモラスなカードは、ごく親しい間柄にとどめ、目上の人にはくだけたものは避けます。

当日着くように出す

相手と自分の名前は必ず書きますが、どちらも愛称や俗称を使ってもいいでしょう。このカードに限っては、色インクを使ってもかまいません。

カードは白い封筒に入れて送るのが一般的です。また、当日着くように出すことがなによりも大切なことです。

バレンタイン・カード

バースデー・カード

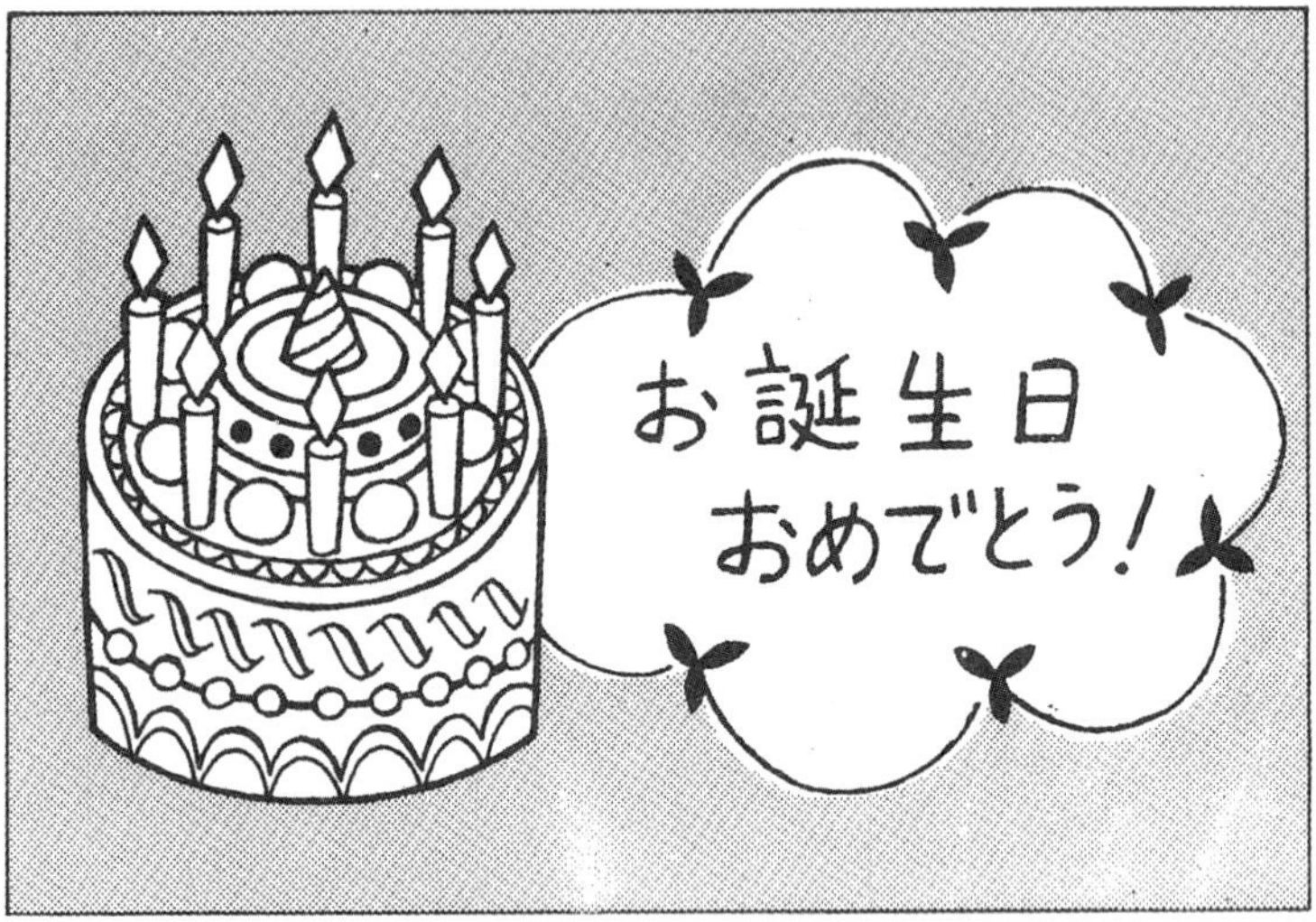
お誕生日
おめでとう!

HAPPY
BIRTHDAY
TO
YOU

HAPPY BIRTHDAY TO YOU

お誕生日おめでとう

結婚祝いカード

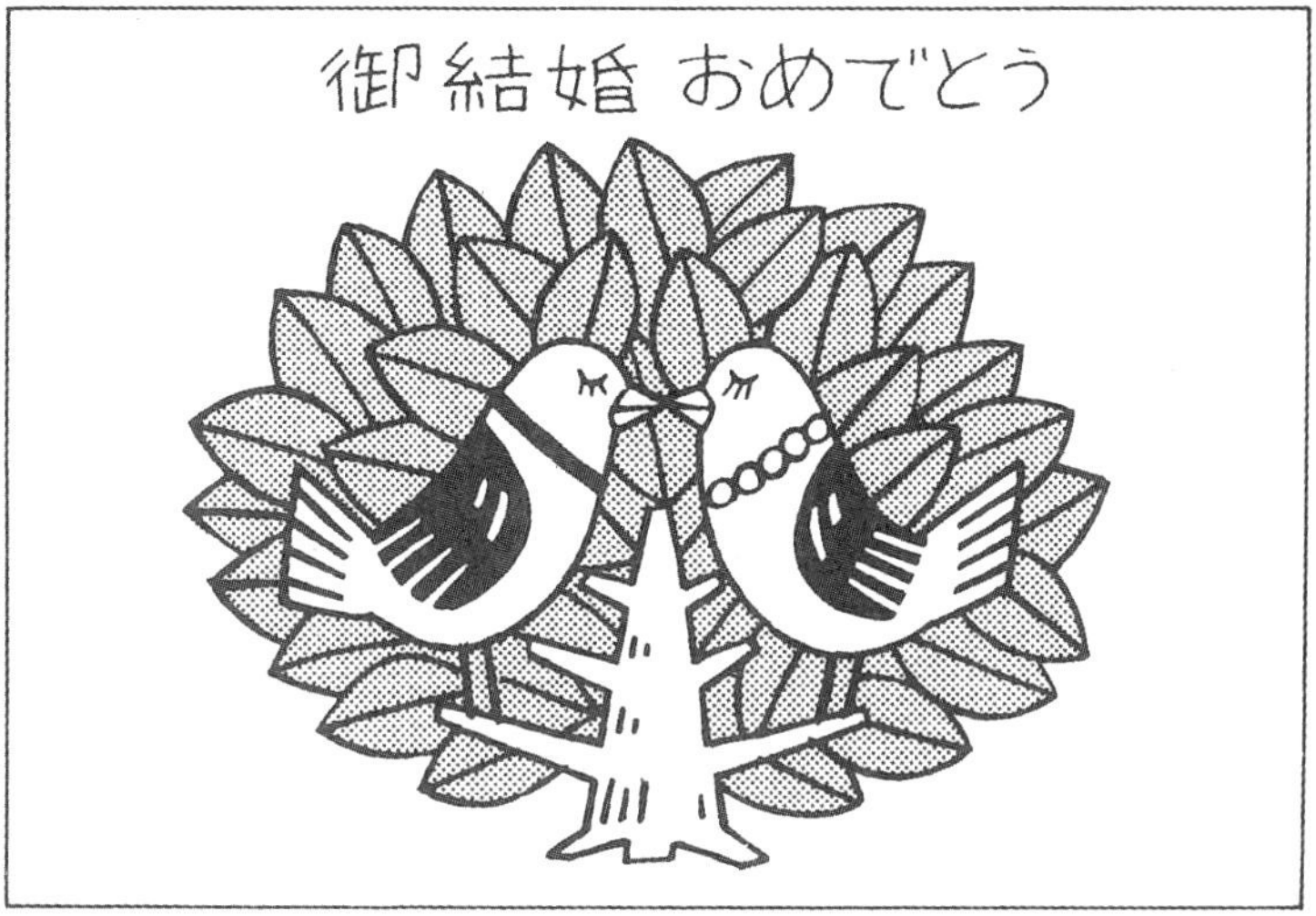

ひなまつりカード

子どもの日カード

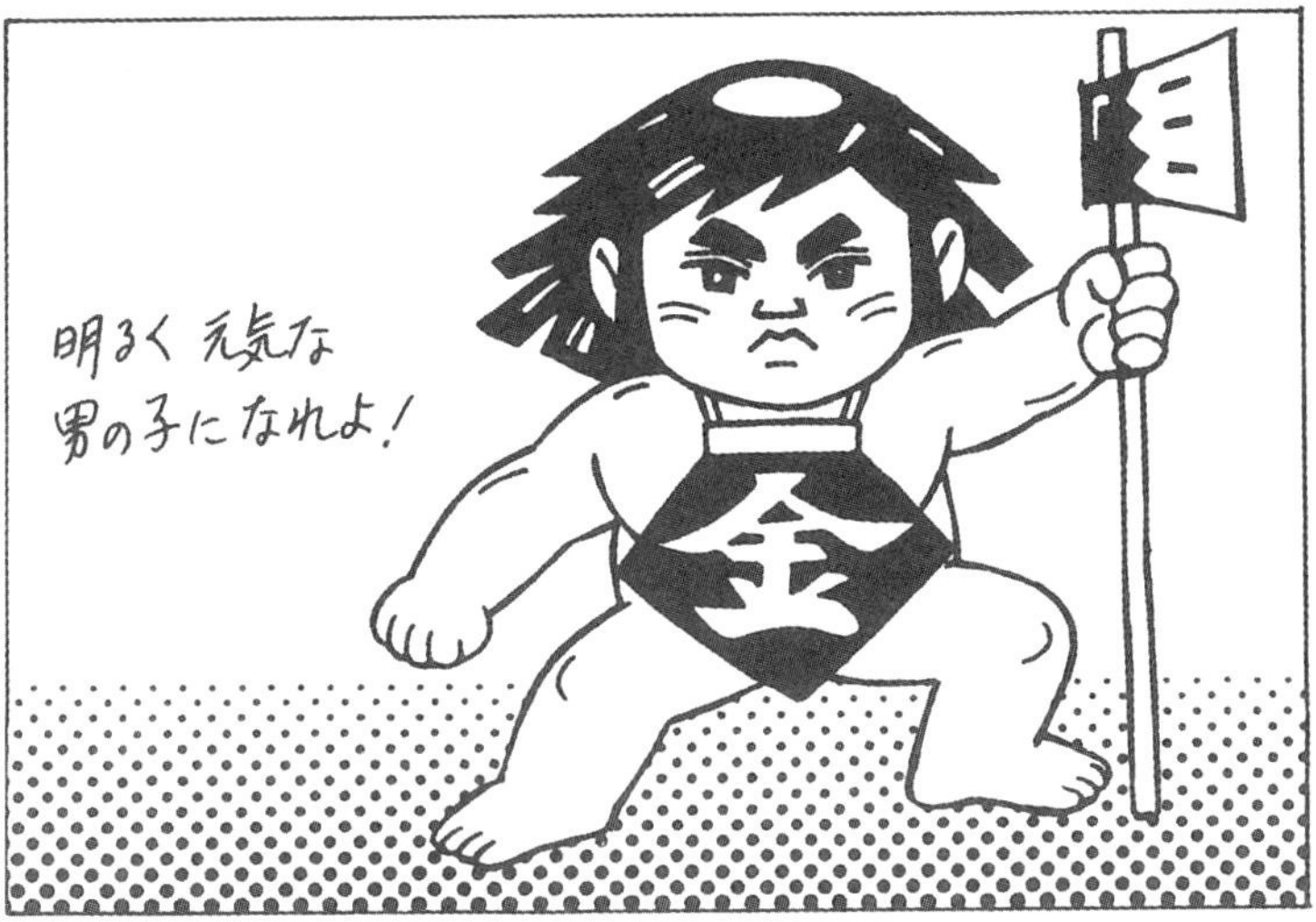
明るく 元気な
男の子になれよ！
金

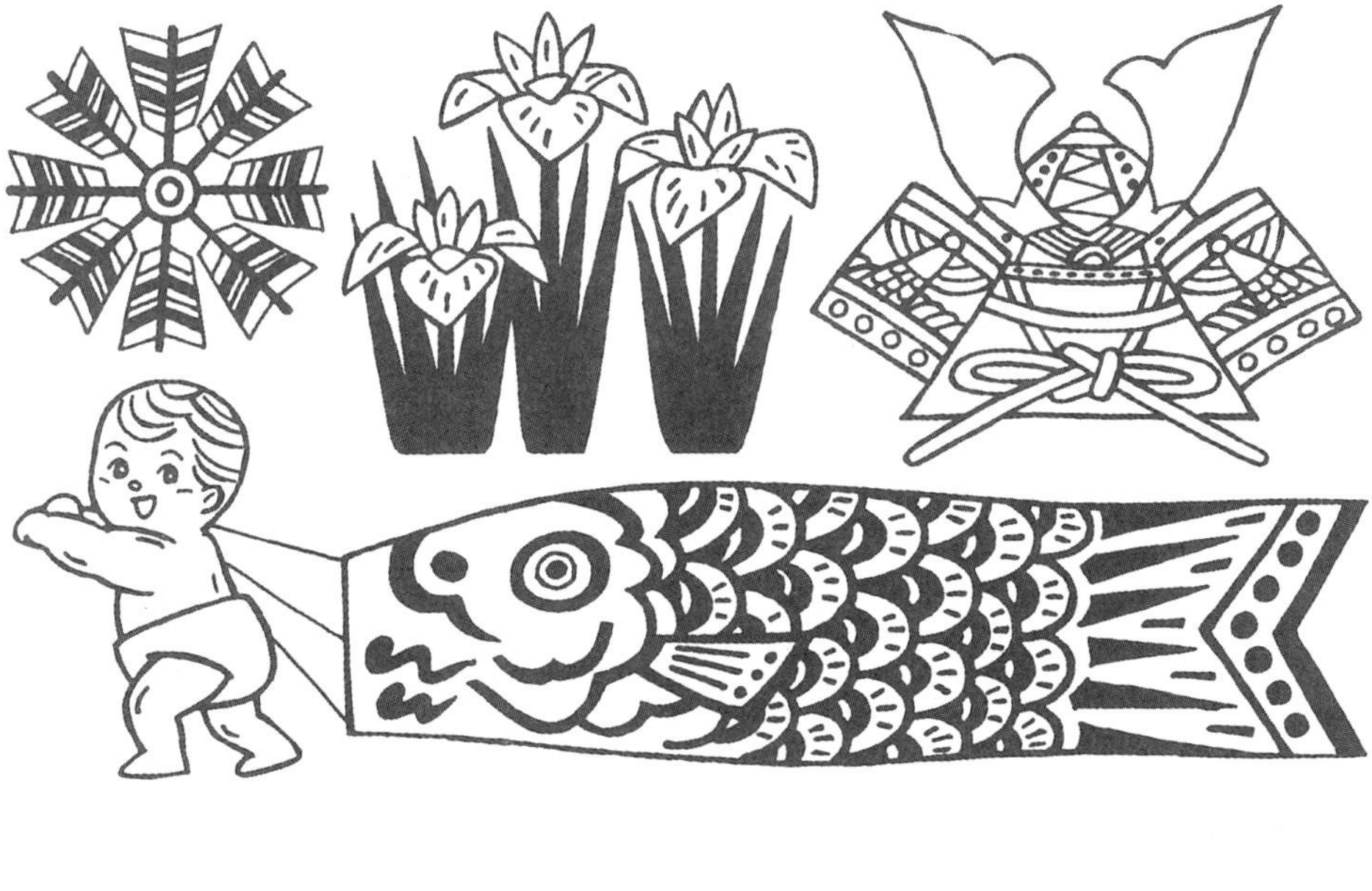

入学祝いカード

卒業祝いカード

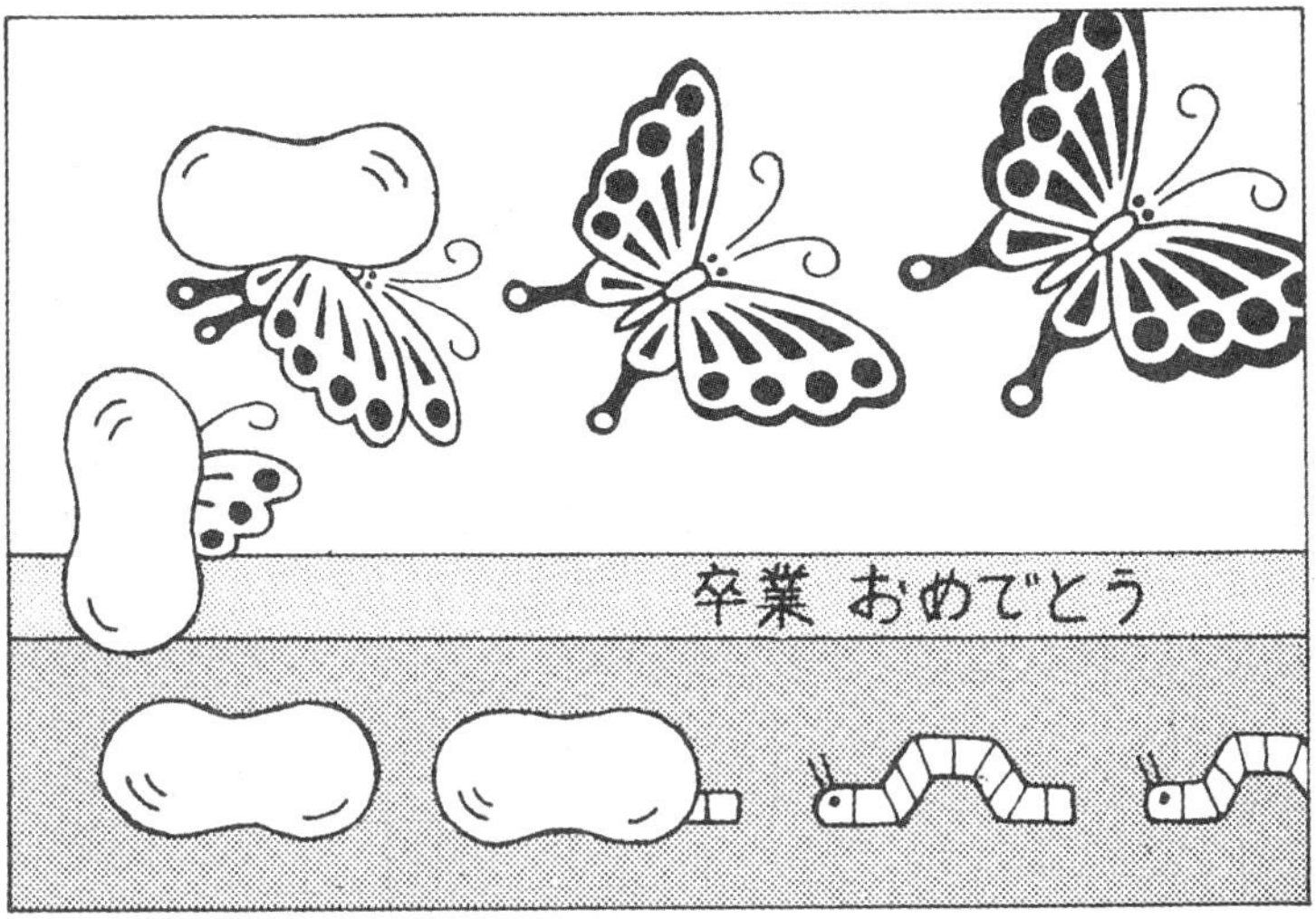

クリスマス・カード

お見舞いカード

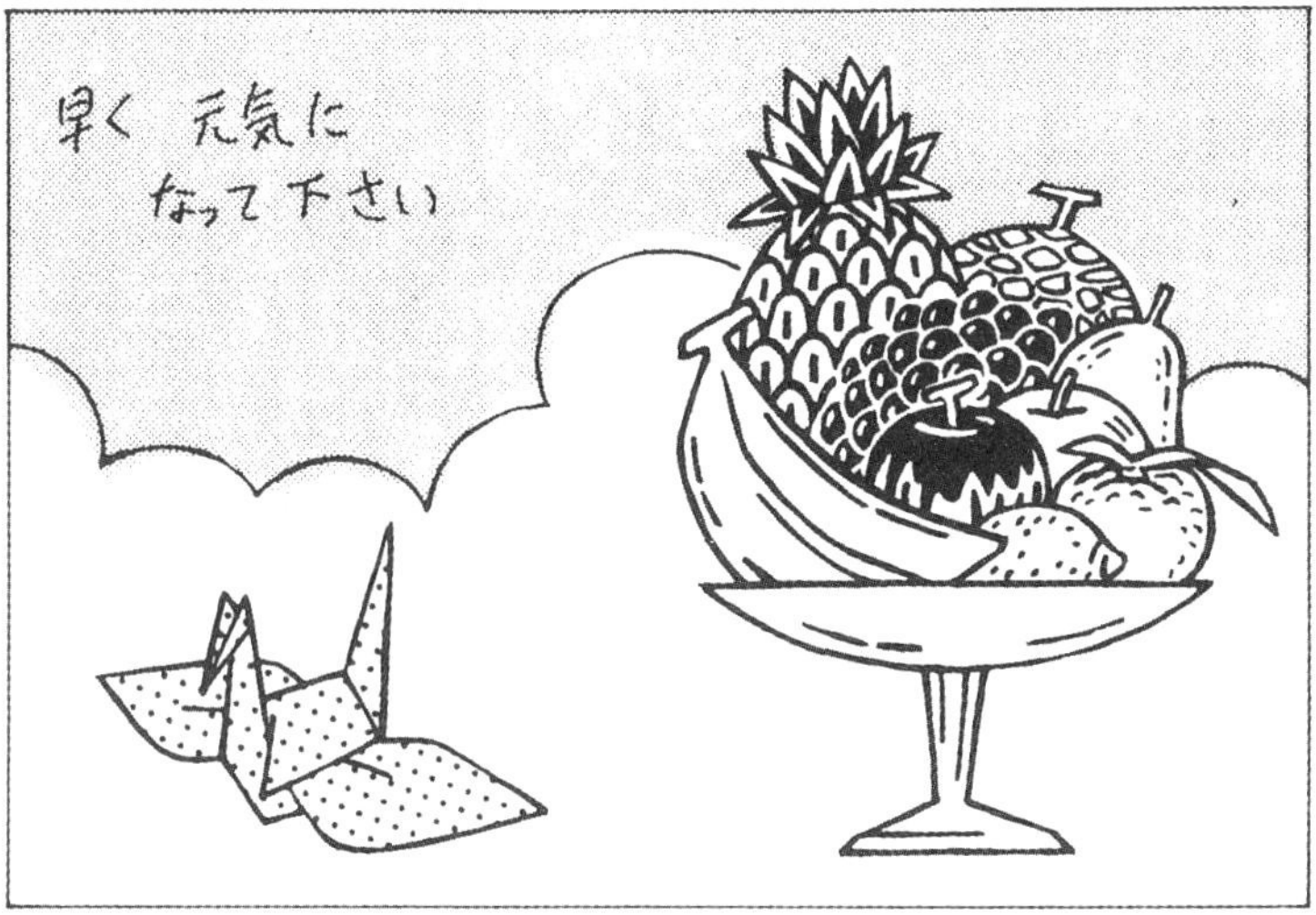
早く 元気に
なって 下さい

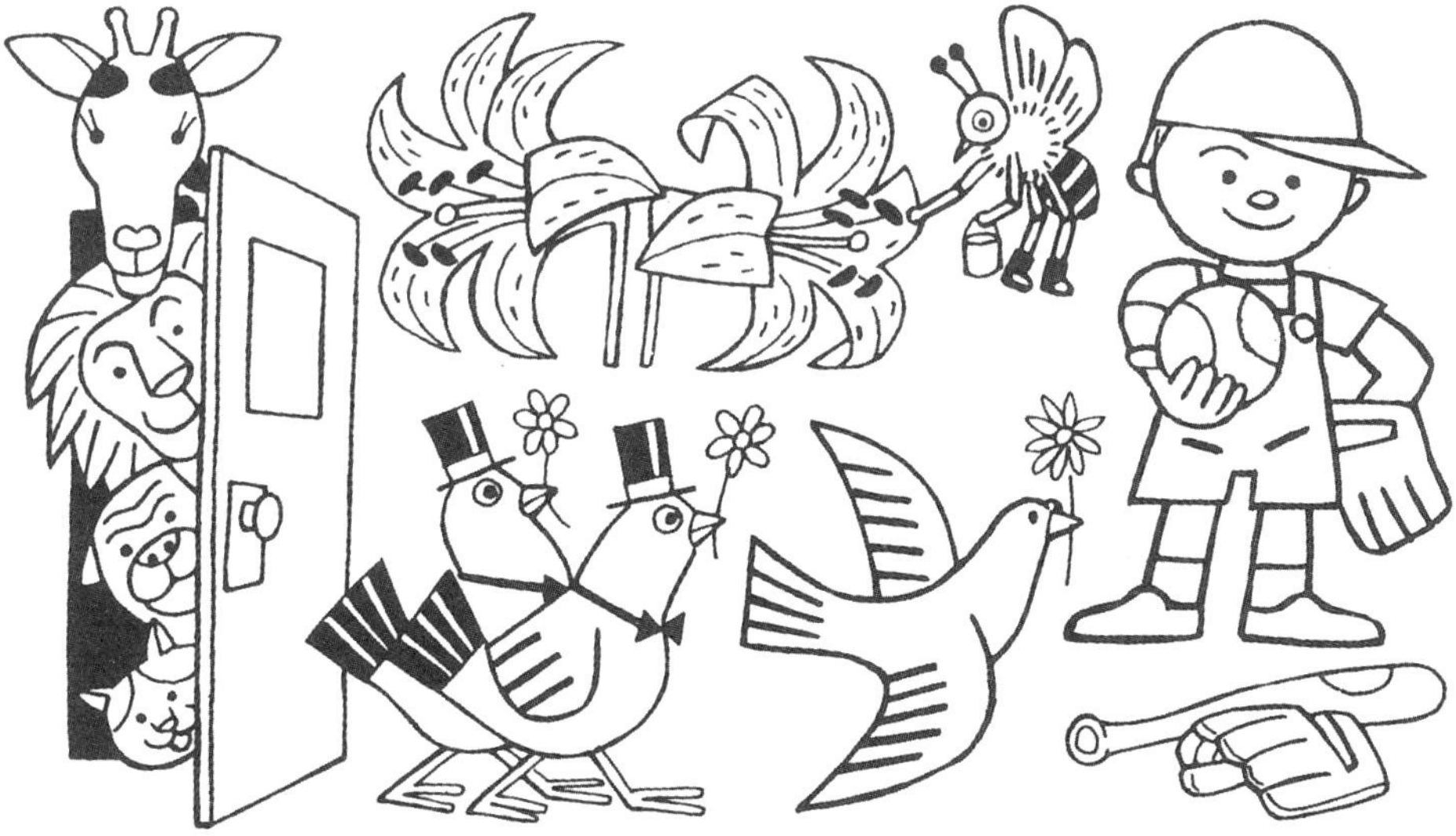

付　録　平仮名と片仮名（毛筆）

あいうえお

かきくけこ

さしすせそ

たちつてと

なにぬねの

はひふへほ

まみむめも

やゐゆゑよ

付録　平仮名と片仮名（毛筆）

らりるれろ

わ　を　ん

アイウエオ

カキクケコ

平仮名と片仮名（毛筆）

サ シ ス セ ソ
タ チ ツ テ ト
ナ ニ ヌ ネ ノ
ハ ヒ フ ヘ ホ

付録　平仮名と片仮名（毛筆）

マミムメモ
ヤヰユヱヨ
ラリルレロ
ワヲン

平仮名と片仮名（ペン字）　付録

門
長くはねない
全体を平らに
和
筆脈切れぬように
右側を大きく
止
第一画は斜めの
気持ちで
以
広く
第二画は短かく
祢
立てる
感じに
加
終画は対照的に
知
立てる
長くはねない
呂
下部を広く
奈
きれいに
与
中心線に注意
下部をそろえる
利
短かく
長くのびのびと
左右等しくふく
らむ
波
きれいに
良
まっすぐに
長くはね
ない
下部をひきしめる
太
全体に末広がりに
奴
大きく回す
左側をひきしめ
右側はゆったり
仁
まるみをつける
長く
武
早く
中央の空間を広く
点は肩に
礼
右側大きくはらう
留
たて長の字に
上部小さく，下
部大きく
保
はの要領で
宇
右側をそ
ろえる
細長い形に
曽
右上がり
くい込ませる
遠
第三画を
つき出す
細長い形に
皿
角ばらぬように
全体を平たく

付録　平仮名と片仮名（ペン字）

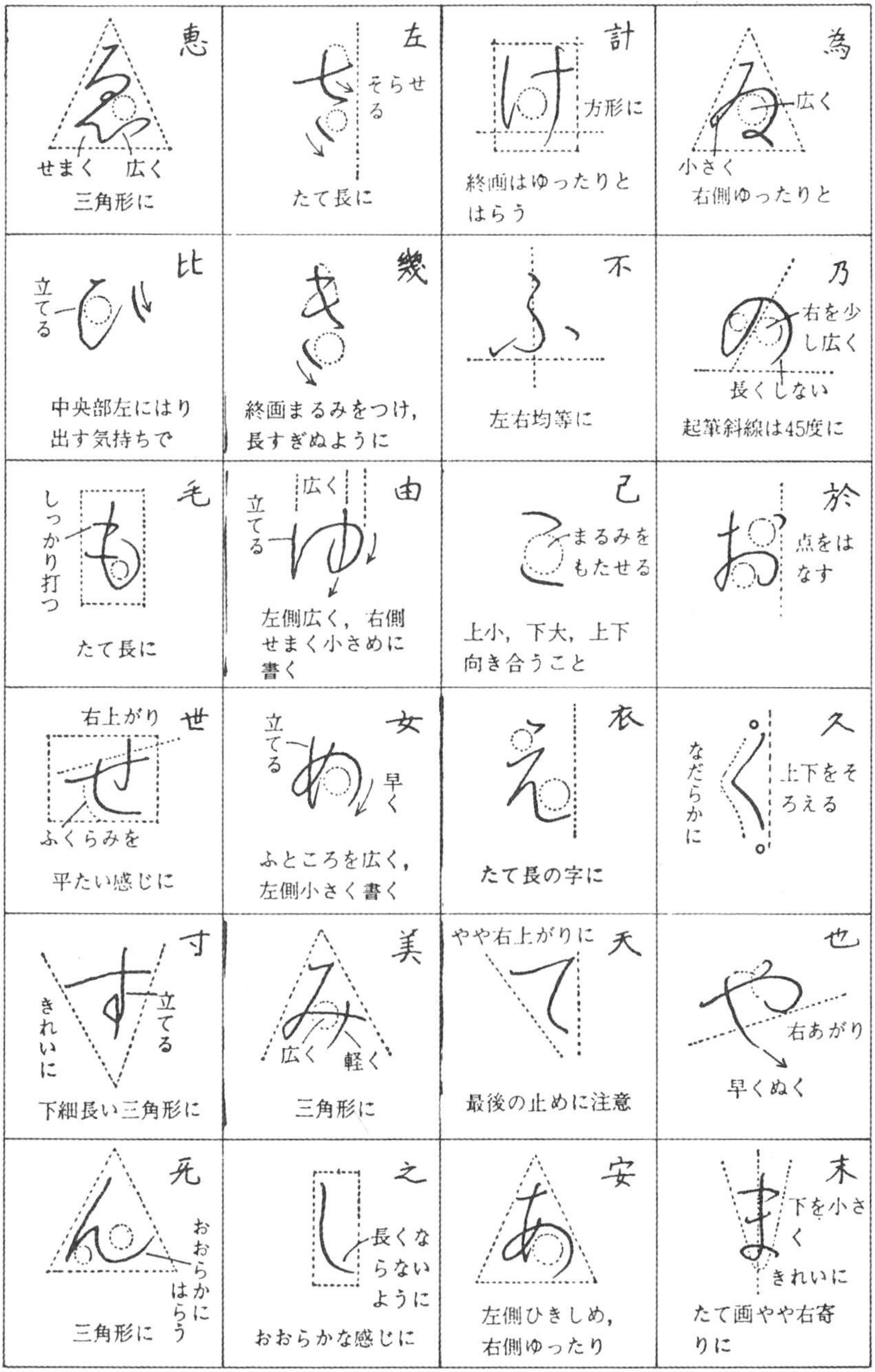

恵
せまく
広く
三角形に
左
そらせる
たて長に
計
方形に
終画はゆったりとはらう
為
広く
小さく
右側ゆったりと
比
立てる
中央部左にはり出す気持ちで
幾
終画まるみをつけ，長すぎぬように
不
左右均等に
乃
右を少し広く
長くしない
起筆斜線は45度に
毛
しっかり打つ
たて長に
由
広く
立てる
左側広く，右側せまく小さめに書く
己
まるみをもたせる
上小，下大，上下向き合うこと
於
点をはなす
世
右上がり
ふくらみを
平たい感じに
女
立てる
早く
ふところを広く，左側小さく書く
衣
たて長の字に
久
なだらかに
上下をそろえる
寸
きれいに
立てる
下細長い三角形に
美
広く
軽く
三角形に
天
やや右上がりに
最後の止めに注意
也
右あがり
早くぬく
无
おおらかにはらう
三角形に
之
長くならないように
おおらかな感じに
安
左側ひきしめ，右側ゆったり
末
下を小さく
きれいに
たて画やや右寄りに

平仮名と片仮名（ペン字）

右を少し広めに
そろえる
ふところを広く
下をせばめる
たて長の形に
あきに注意
しっかりした感じに
○のあきに注意
たて長の形に
立てる
斜線にほぼ平行に
ノの方向に変化させる
ねかせる
つけないように
左右のバランスに注意
左右同じ
筆接に注意
下方ややせばめる
右上がりに
早く
横画でバランスをとる
そろえる
等間隔に
止める
立てる
ほぼ平行に
幅を広くしない
よく止めてから
末広になるように
短かく
長く
早く
高さ等しく
斜線ほぼ平行に
短かめに
交差の位置中間に
第一画は上に，
第二画は下に反る
反る
大きく
三角形に
立てる
終画ゆったりとそらせる
立てる
強く
幅広くならないように
左右均等に
右少し広く
中心部ゆったりと
そろえる
せまくならないように
少し右上がり
第一画，第二画ほぼ平行に
終画を長く

付録　平仮名と片仮名（ペン字）

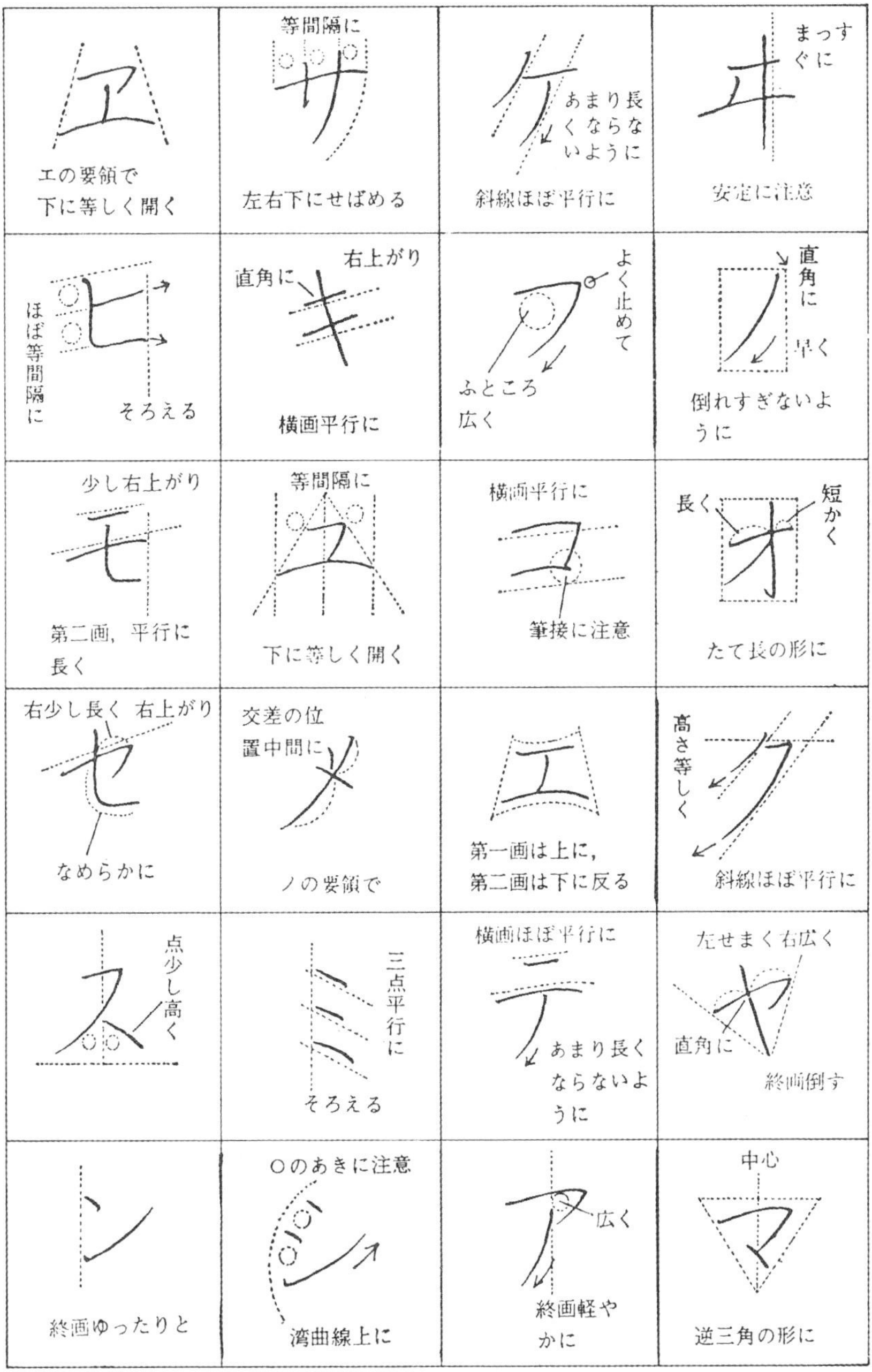
エの要領で
下に等しく開く
等間隔に
左右下にせばめる
あまり長くならないように
斜線ほぼ平行に
まっすぐに
安定に注意
ほぼ等間隔に
そろえる
直角に
右上がり
横画平行に
よく止めて
ふところ広く
直角に
早く
倒れすぎないように
少し右上がり
第二画，平行に長く
等間隔に
下に等しく開く
横画平行に
筆接に注意
長く
短かく
たて長の形に
右少し長く
右上がり
なめらかに
交差の位置中間に
ノの要領で
第一画は上に，第二画は下に反る
高さ等しく
斜線ほぼ平行に
点少し高く
三点平行に
そろえる
横画ほぼ平行に
あまり長くならないように
左せまく右広く
直角に
終画倒す
終画ゆったりと
○のあきに注意
湾曲線上に
広く
終画軽やかに
中心
逆三角の形に

冠婚葬祭 挨拶状 実例と表書き

編　者　　メトロポリタンプレス
発行者　　深澤　徹也
発行所　　メトロポリタンプレス
〒173-0004　東京都板橋区板橋 3-2-1
電話〈代表〉03-5943-6430
印刷所　　株式会社ティーケー出版印刷

ISBN978-4-904759-41-7 C2039
Printed in Japan
定価はカバーに表示してあります。
落丁本、乱丁本はお取り換えいたします。

11-091301